初稽古で決意新た

2015年2月12日 出羽海部屋入門初日ドキュメント

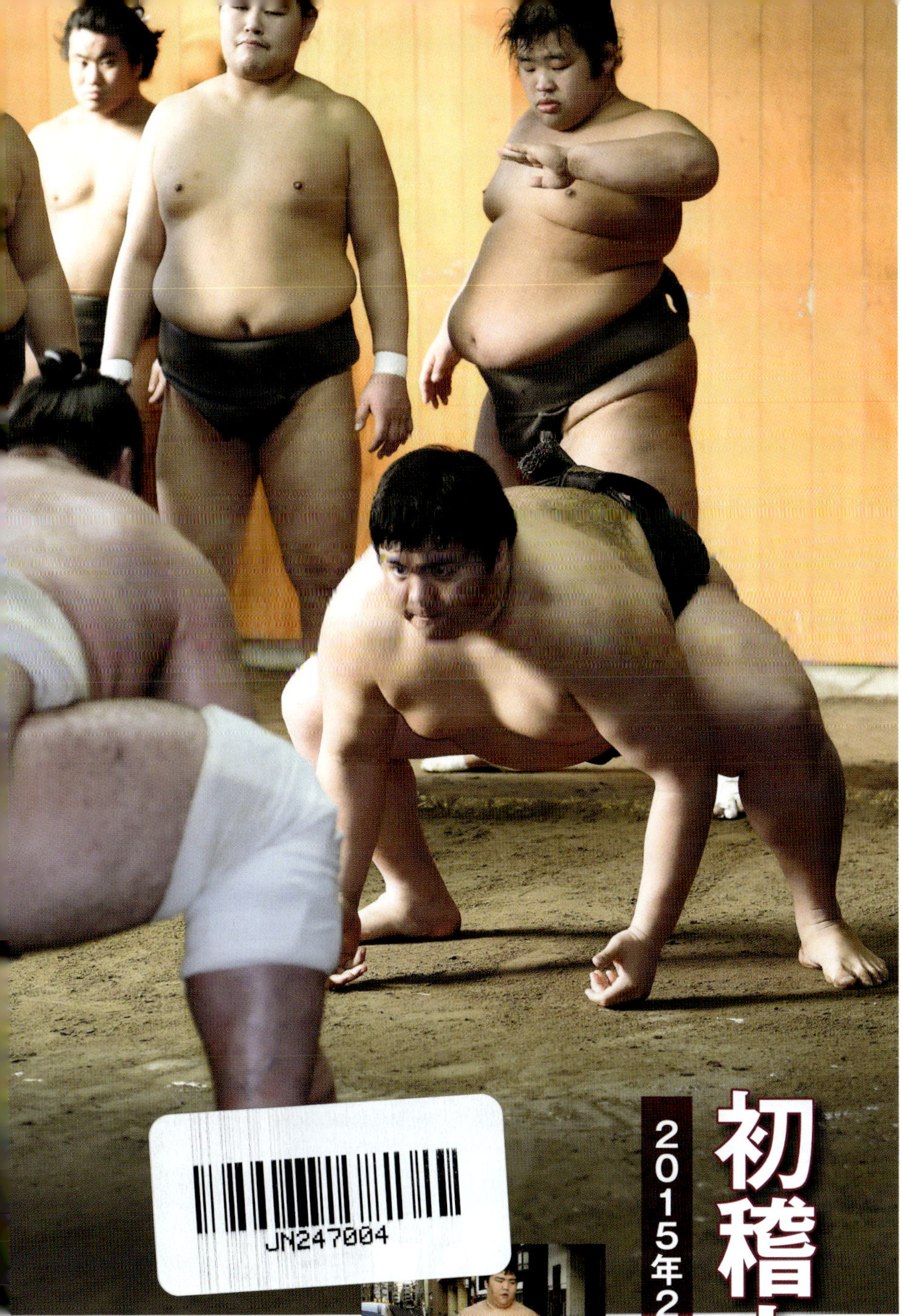

初稽古で汗を流す

a.m.7:17
東洋大相撲部の田淵順一総監督に車で送られ、部屋に到着。衣装ケース2個を運び込む。

a.m.7:30
稽古中の兄弟子たちの脇で準備運動も兼ねて四股を開始。出羽海親方から「足（の間隔）を開け」と助言も受け、体に汗をにじませながら踏み込んだ。

a.m.8:01
土俵脇の柱に向かい、てっぽうを始める。後援者から「手だけじゃなく、肩からも柱にぶつかると肩回りが大きくなるよ」と言われ、すぐに実践。さらに砂袋を顔の前で持ちながら、すり足を繰り返した。

a.m.8:50
元小結の栃ノ心が訪れ、準備運動の後に土俵へ。力士たちが胸を借りる。

a.m.9:06
栃ノ心から３人目に指名されると「はい」と答えて土俵に上る。格上への挑戦に、鋭い目つきを見せる。低い立ち合いから栃ノ心の懐に飛び込み、計８番取る。親方は「（上体をめくられても）腹を出すな」「肘を体の前で使え」と助言。同25分から栃ノ心に再び胸を借りる。

a.m.9:55
兄弟子に胸を借りながら押しを繰り返す。次第に息が上がり、投げられると起きられず、苦しそうに顔をしかめる。親方から「早く立て」と声がかかる。

a.m.10:15
四股、すり足、また割りを終え、稽古終了。報道各社のインタビューに応じる。「親方の話を聞き、栃ノ関の胸を借りて挑戦していきたい。強くなっていきたい」

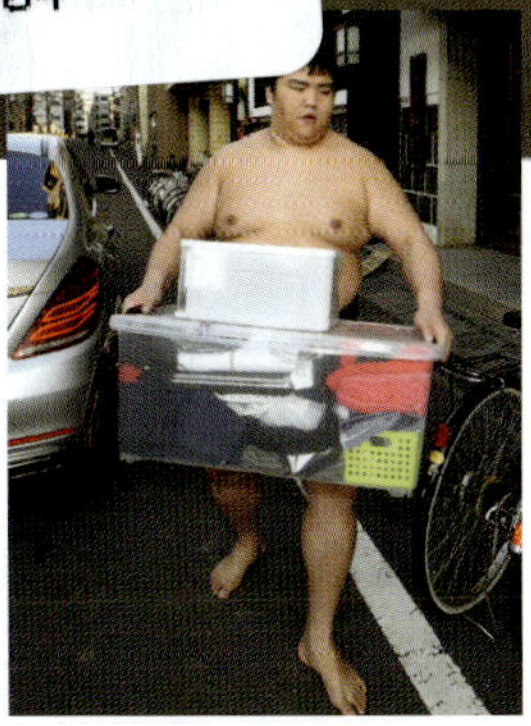

入門日、自分の荷物を運び込む

初稽古終了後、2015年初場所限りで引退した出羽海部屋の先輩力士・鳥羽の山から譲り受けた着物で質問に答えた。鳥羽の山は幕内に上がりながら故障で一番も相撲を取れずに終わった不運の力士。「（鳥羽の山の）思いに応えたい」と強調した

胸を借りた稽古中、苦しそうな表情を見せる

挑戦はここから

入門1週間

期待の新人が角界入りとあって、各方面の注目度は抜群。部屋の支援者や大勢の報道陣が見守る中、三役や元三役の力士とも稽古して、プロの厳しさも味わったようだ。

12日の初稽古では、兄弟子たちのほか、出稽古で部屋を訪れた元小結栃ノ心（春日野部屋）の胸を借り、汗をかいた背中にはべっとりと砂が付き、息が上がる場面もたびたび。13日には小結栃煌山（同）と稽古した大道は「腰の重さ、安定感が学生とは全く別物。さすが三役です」と敬服していた。

兄弟子に付き添われ自転車で買い物に出掛け、草履や洗剤、シャンプーなどの日用品を購入。稽古場とは違うリラックスした笑顔も見せた。両国国技館のお膝元で、目の肥えた相撲ファンが多い土地柄。信号を待つ大道に気付き、「あ、あの学生横綱の…」と声を上げる人もいた。

14日の稽古では出羽海親方から「全部突き出して行け」「一番一番、目いっぱいの力を出し切るんだよ」とのげきが飛び、「まだ慣れないが、気持ちはプロ意識に変わってきた」。15日には入門後初めて木曽に帰郷して祝勝会に出席。相撲関係者ら地元の人たちの激励を受けた。

出稽古にきた三役力士、栃煌山の寄りを厳しい表情でこらえる（2月13日）

兄弟子と草履や日用品を自転車で買い物に出かけた（2月13日）

兄弟子らと夕食のしゃぶしゃぶを囲む（2月13日）

稽古中、塩かごを持って立つ位置を兄弟子に教えられる（2月14日）

大相撲春場所の新番付発表。兄弟子たちと番付表の発送作業（2月23日）

初土俵となる春場所に向け、大阪への新幹線に乗り込む（2月22日）

木曽でのアマ2冠祝勝会に出席。角界入り後初めての帰郷となった期待の星を激励しようと、県連盟の役員や母校の福島中、木曽青峰高時代の指導者、かつて所属した木曽少年相撲クラブの関係者らが駆けつけた（2月15日）

春場所に向け、堺市内の宿舎で稽古を再開。同格の幕下力士たちとの15番の申し合い稽古は10勝5敗。幕下14枚目の海龍（左）の素早い手の動きに、引き気味に（2月24日）

自らのしこ名「御嶽海」を発表（2月28日）

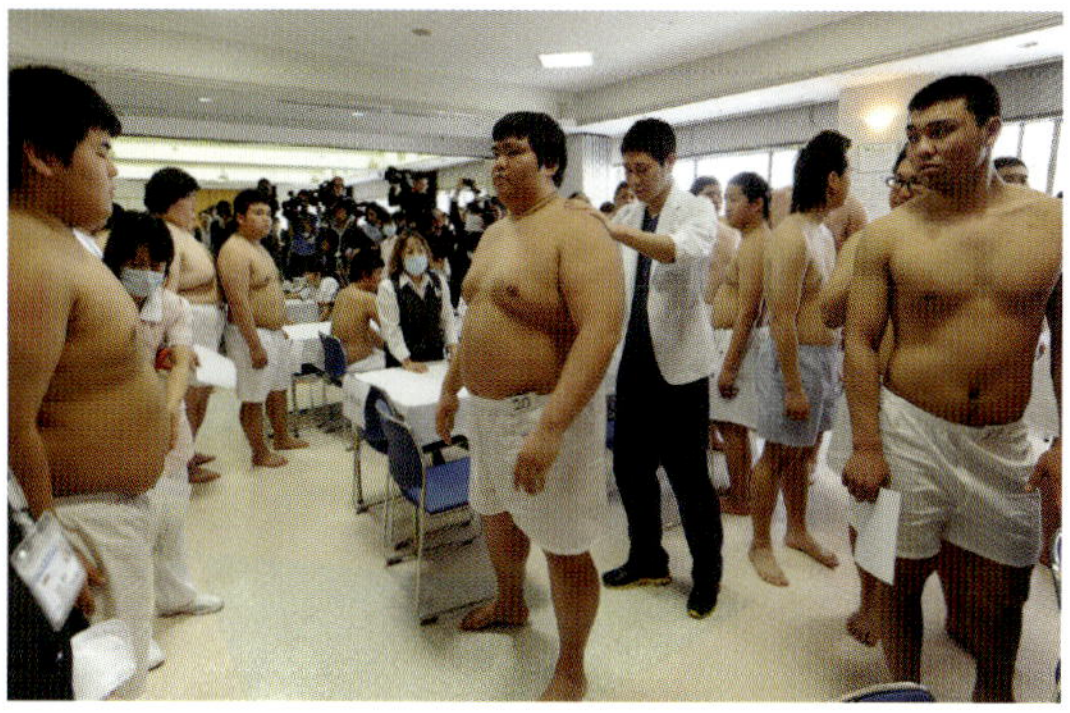

大阪市内で行われた新弟子検査。身長179センチ、体重149キロで通過し、内臓検査の結果を待って、合格者発表は春場所初日（2月28日）

元幕内大鷲・伊藤平さんに聞く

自分が引退した後に長野県出身の関取がいなかったのは長野県が裕福な土地だから。ハングリーにならなくても、東京は近いし、勤め口がある。県出身の郷土力士は常に5、6人はいて、自分が紹介した力士もいたが、大成しなかった。郷土から関取が出ない寂しさがあった。

自分の現役時代は相撲でひと旗揚げようかという時代。出身地は青森や北海道、四国など地方が多かった。でも、今は東京や大阪、名古屋など都会に変わった。自分たちは「学生相撲(出身の力士)には負けるな」って、兄弟子にはっぱをかけられた。中学や高校を卒業して親元を離れ、せんべい布団でずっと過ごしてきた力士と比べ、大学生の方が恵まれているから。最近は学生相撲に負けても当たり前の時代になってきた。

木曽から大柄な力士はあまり出てこなかったが、急に大きな力士（大道）が出てきて驚いた。タイトルを取って入門する力士は違う。自分の持ち味や十八番がある。学生横綱になった時の取組をテレビで見た。立ち合いの当たりは強い。そこから腕の動きが大きくなるが、師匠の指導を良く聞いて、肘を締めて相手を素直に突く感じになれば、怖いものはない。最低でも三役まで上がってほしい。

（大道を）待ち受けているものは、緊張。今回のように注目されるのは（県内出身者では）初めてではないか。序ノ口から始まれば少しずつ慣れるが（幕下からいきなりデビューのため）15日間の場所を通して体力を温存し配分することが大切。疲れるから。これから伝統ある出羽海部屋を背負い、地元の花になってくれたらいい。

いとう・ひとし

1962（昭和37）年、若松部屋に入門し初土俵。68年に幕下で全勝優勝し、十両に昇進。72年に新入幕を果たし、75年に最高位の前頭3枚目。78年に引退。62年から通算連続出場988回。80年から出身地の佐久市でちゃんこ料理店を営む。190センチ。

勝負強く第一歩

初日 1番相撲

御嶽海 1−0 ○ 寄り切り ● 明生《めいせい》 0−1

立ち合い出遅れ、立て直し一気の寄り

御嶽海が新たな土俵人生のスタートを白星で飾った。アマチュア2冠で周囲から注目される中、いきなり十両のすぐ下の幕下上位で結果を出さなければならない。その重圧が22歳を襲い、一時は土俵際まで追い込まれたが、それでも結果を出した。

「勝てて素直にうれしい。ここから始まる」と勝負強さをのぞかせた。

初土俵の相手は立浪部屋の筆頭力士、19歳の明生。御嶽海は修正中の立ち合いで出遅れて得意の突き押しができず、左四つで上手を許した。「やばいと思った」。ただ、投げに出た明生に対して「うまく体を寄せたから、左(からまわしをつかむ手)があそこまで深く入った」と師匠の出羽海親方。右前まわしも引き付け、一気に寄り切った。

前日の7日夜は緊張でほぼ寝られず、この日の朝食も食欲がなく「バナナ1本だけだった」という。5、6日には下痢など胃腸炎の症状で稽古を2日連続で休んだ。別の体の痛みで稽古の量自体を増やせていなかったため、出羽海親方は「疲れがあるのでしょう」と心境を気遣っていた。

御嶽海は、父春男さん(66)から6日に電話をもらい「7番あるうち『4勝すればいいんだから』と言われ、大きなアドバイスをもらったと思った」。トーナメント形式で負けたら終わりの学生相撲と違い、大相撲は勝ち越せば、次の場所で番付が上がる―。そう考え、少しずつ腹をくくれるようになった。

この日は直前の2番でともに出羽海部屋の兄弟子の25歳海龍、十両経験者の26歳出羽疾風が勝った。出羽海親方は御嶽海を含め「(部屋で最高位にいる)幕下上位の3人が勝った。お互いに良い刺激を受けている」と評価。この日、序二段、三段目を含めて取組があった14人中11人が勝ち「きょうは部屋全体で成績が良かった」と表情を緩めた。御嶽海の初白星は大きなドラマの始まりになりそうだ。

初土俵を白星で飾った御嶽海が引き揚げる際、ちょうど横綱白鵬が会場入り。すかさず道を譲り、頭を下げて見送った

出羽海親方

「これだけ周囲から騒がれていれば、重圧はあったと思う。勝てたことは、本人が一番ほっとしているはず。本来は突き押しでやってほしいけれど、本番で経験を重ねれば、稽古でもどうやっていかないといけないか、自分でも分かってくる」

御嶽海

「土俵上でしこ名を呼ばれ、格好良いのをつけてもらえていたので良かったし、うれしかった。今までの相撲人生の中で一番緊張した。勝ててほっとした」

明生 (東幕下11枚目、鹿児島県出身、立浪部屋)

180センチ、115キロの19歳。2011年5月に15歳で初土俵。現在は立浪部屋(立浪親方=元小結旭豊、力士16人)の筆頭力士。対御嶽海は1戦1敗(15春●寄り切り)。

悔しい初黒星

3日目　2番相撲
御嶽海　1−1　●　肩透かし　○　大翔鵬《たいしょうほう》　2−0

慣れぬ立ち合い、押し相撲取れず

御嶽海は初土俵から2戦目で初黒星を喫した。引き揚げる22歳は伏し目がちに悔しさをにじませた。ただ、その理由は最短でのスピード昇進が遠のいたからではない。「連勝を伸ばしたい思いはもともとなかった」。悔しいのは、自分の突き押し相撲が依然として取れていないからだ。

立ち合いは初戦と違って遅れることはなく、頭からぶつかることができた。しかし、「上半身が浮き、突き放せなかった」。またも四つ相撲を強いられた。差した右は大翔鵬の左に抱えられ、自分の左脇に入った大翔鵬の腕に持ち上げられると、右に体勢を崩したまま肩透かしを食らった。

動きで苦労しているのは、学生相撲と大相撲の立ち合いの違いが大きい。御嶽海は「学生相撲は土俵に両手をついた状態で、行司役の審判の合図を待って立ち合う。でも、大相撲は力士同士の『あうんの呼吸』」と説明する。

学生相撲では体重を両手にかけて合図を待ち、思い切って突き押しに出ていた。だが、大相撲は「タイミングをずらすといった駆け引きもある」ため、同じようにいかない。部屋での申し合い稽古から、右手を先についた状態から左手で相手と合わせたり、両手をほぼ同時に使って合わせたり、力が発揮できるやり方を試行錯誤しているが、意識が立ち合いに偏ってしまう。

この日の取組は、幕下5番を残して行われる十両土俵入りの直後。鮮やかな化粧まわしを締めた東西の関取衆に会場が沸き、さらに直前の取組からも間隔が開いたことで「やりづらかったし、緊張した」とリズムを取りにくい要素が重なった。

今場所で7戦全勝なら1場所での十両昇進に大きく前進したが、2戦目で全勝はなくなった。「初黒星は悔しい。でも、まだあと5番ある。切り替え、引き締めないといけないなという気持ちになった」。まずはここからどう勝ち越しにつなげるか、試される。

出羽海親方
「相撲人生は始まったばかり。一度負けたくらいで、深く考え過ぎることも、くよくよする必要もない。また朝に、きちんと稽古を積めばいい」

大翔鵬（西幕下10枚目、モンゴル出身、追手風部屋）
182センチ、147キロの20歳。2013年春場所で初土俵、自身最高位で臨んだ今場所は初日に白星発進。得意は右四つ。追手風部屋（追手風親方＝元幕内大翔山）は人気のある遠藤や元アマ横綱の川端が在籍。対御嶽海千は1戦1勝（15春○肩透かし）。

鋭さ戻り2勝目

照強（東幕下８枚目、兵庫県出身、伊勢ケ浜部屋）
169 センチ、114 キロの 20 歳。2010 年春場所で初土俵、今場所が自身最高位。伊勢ケ浜部屋は伊勢ケ浜親方（元横綱旭富士）のもと、横綱日馬富士や関脇照ノ富士が在籍。対御嶽海戦は１戦１敗（15 春●寄り倒し）。

6日目 3番相撲
御嶽海 2−1 ○ 寄り倒し ● **照《てる》強《つよし》** 1−2

迷いなく前進、力強く

御嶽海は3戦目でようやく本来の鋭さが出てきた。立ち合いで169センチの照強が潜り込んできたが「冷静に見て、足も出ていた」と突き放し、懐に入らせなかった。右四つに組み止めると、相手の右を左で抱え込んで迷いなく前進。土俵際で力強く寄り倒した。

3日目に初黒星を喫して1勝1敗となった後、初めて中2日空いた。「1敗して気合を入れ直せたし、2日間空いた分、気持ちも体も楽になった」と地に足を付けて稽古を重ねた。照強は勢いのある20歳だが「小兵は不得意じゃない」とイメージも良かった。立ち合い前に同じくらいだった両者への声援は取組後、内容の良い相撲で勝利した御嶽海に大きくなり、22歳は笑顔で頭を下げていた。

7戦全勝はなくなっているものの、今場所を好成績で勝ち越せば、目指す十両昇進に向け、来場所へとつながる。「慣れてきたし、白星が先行して、ここから自分の相撲を取れると思う」と力強く言い切った。

出羽海親方
「（変化のある小兵に対し）怖がらず、前に出たのが良かった」

ふるさとの災害「互いに背負うものある」

御嶽海のしこ名の由来となった御嶽山《おんたけさん》は2014年9月に噴火し、57人の犠牲者を出した。いまだに暗い雰囲気があると懸念する木曽地方を「自分が勇気づけられるように頑張っていくしかない」と今場所に臨んでいる御嶽海。一方の照強も淡路島出身で、阪神大震災が発生した1995年1月17日に生まれたことで知られる。

御嶽海は「お互いに背負っているものがある。それでも負けないようにと思って取った」と話した。

勝ち越しまであと1勝

7日目 4番相撲

御嶽海 3－1 ○ 押し出し ● **磋牙《が》司《つかさ》** 2－2

持ち味の突き押し光る

御嶽海が持ち味の突き押しで初の連勝を決めた。元前頭9枚目の33歳磋牙司が相手で、幕内経験者との初対戦。立ち合いはやや遅れたものの、浮きかけた上体から両腕を回転良く使って164センチの小兵を突き放すと、一気に前に出て押し出した。「手も出たし、少しずつ（自分の相撲に）近づいている感じがする」と手応えを強調した。

22歳は木曽青峰高時代、磋牙司と土俵で相対しているという。磋牙司が所属する入間川部屋は例年、駒ケ根市で合宿しており、そこで胸を借りた。入間川部屋には駒ケ根市出身で東三段目33枚目の26歳、駒司《こまつかさ》もいる。

御嶽海にとって、磋牙司は同じ東洋大の大先輩でもある。「やりづらさはあったけれど、先輩に敬意を表して立ち合った」と話した。

15日間で7番を取る幕下の戦いで、これで3勝1敗。次戦で勝ち越しを決めるつもりなのか問われると「行きます」と元気に即答。今場所から夏場所を経て、十両昇進を実現するためにも「残り3つは全部勝つ」と止まらなかった。大相撲の雰囲気に慣れ、土俵の内外で快活な御嶽海らしさが出るようになってきた。

◉磋牙司（西幕下11枚目、静岡県出身、入間川部屋）

164センチ、129キロの33歳。2004年春場所初土俵で、最高位は前頭9枚目。入間川部屋（入間川親方＝元関脇栃司）の筆頭力士。対御嶽海戦は1戦1敗（15春●押し出し）。

木曽郡上松町から家族で応援に駆け付けた木曽少年相撲クラブの小川翼君（12）。勝利後の御嶽海を支度部屋前の通路で出迎え、頬をなでてもらった。右隣は弟の大空君（4）

10日目　5番相撲

御嶽海 4－1 ○ 突き落とし ● 宝香鵬《ほうかほう》 3－2

プロでの3連勝…手応え

御嶽海は粘り強かった。立ち合いで得意の突き押しを繰り出したが、宝香鵬に右四つでつかまり、上手を許して土俵際に後退。だが、ここで右からすくって宝香鵬の体勢を崩すと、休まず突き落とした。「危なかった。でも落ち着いていて、相手が見えていた」と荒い息遣いで振り返った。

学生横綱、アマチュア横綱の2冠獲得により、幕下10枚目格付け出しでデビューした。初土俵から4勝1敗で勝ち越しを決め、師匠の出羽海親方は「本人が一番ほっとしただろう。周囲から騒がれていたし、2戦目（大翔鵬戦）で負けた状況だったから」とねぎらった。

御嶽海はここまでを振り返り「プロは立ち合いのスピードがあるし、差したら前に出るとか、一つ一つの動作が速い」とアマチュア時代との違いを自覚する。2戦目で敗れた後は3連勝し「土俵上でも動けるようになってきた。このレベルでやっていけると分かった」と手応えを得た。

今場所で7戦全勝して、次の場所で一気に十両昇進する快挙も期待されていたが、1敗している現状を踏まえ、まずは夏場所（5月、東京・両国国技館）を経ての十両昇進を念頭に置く。そのためには残り2番が大事になる。出羽海親方は「今場所で最低でも5勝はしておかないと。そして（良い流れで夏場所に向かうために）最後の1番が特に大事」とする。

御嶽海は千秋楽翌日の23日に東洋大の卒業式（東京・日本武道館）を控える。角界入りした22歳は着物姿で出席し、アマチュア2冠の実績を評価され学長賞を受ける予定だ。「残り2番、立ち合いで押し負けないようにし、自分の切れのある相撲を取りたい」。好成績で晴れ舞台に花を添えられるよう、新十両に前進する相撲を目指す。

宝香鵬（東幕下12枚目、埼玉県出身、宮城野部屋）
185センチ、142キロの25歳。2007年の春場所で初土俵を踏み、最高位は幕下11枚目。宮城野部屋（宮城野親方＝元幕内竹葉山）は横綱白鵬が在籍する。御嶽海戦は1戦1敗（15春●突き落とし）

勝ち越し決定

押し出し　4連勝

12日目　6番相撲

御嶽海　5－1
○　押し出し　●
肥後嵐《ひごあらし》　4－2

「勝ちに貪欲」学生相撲経験生かし

御嶽海は4連勝で5勝1敗とし、あと1番となった。同じ幕下10枚目格付け出しから、わずか3場所を経て幕内に上がった日大出身の24歳遠藤（休場）は1場所目が5勝2敗。白星の数で並んだ御嶽海は「自分はもう1個上にいきたい」と6勝目に強い意欲を見せた。

御嶽海は東洋大4年の本年度に学生横綱、アマ横綱の2冠となり角界入り。トーナメント戦の学生相撲を経験した強みは「勝ちへの貪欲さと粘り強さ」を学んだことだという。

肥後嵐と対戦したこの日も左を差されそうになってかわし、それによって半身になったが「攻められても、手も足も出た」と素早く前に出て押し勝った。突き押しは武器。押し出しは初の決まり手で「(17日に)勝ち越して気持ちが楽になっていた。自分の相撲を取れて良かった」とした。

2月下旬の大阪市内で、学生相撲出身の力士たちを励ます会があった。御嶽海は新弟子検査前で出席しなかったが、主催した西日本学生相撲連盟の北村光雄会長から「2つのタイトルを取った珍しいアマチュア横綱」と冒頭あいさつで紹介された。北村会長は「今や関取（十両以上）の3割が学生相撲出身で、外国人と並んで大相撲を支えている」と強調した。

22歳の御嶽海が今場所最後に当たるのは、日大時代にアマ横綱に輝いた1歳上の川端。「今日以上に良い相撲を取って締めくくりたい」。会場で日に日に大きくなる声援を受けながら、学生相撲出身のホープの一人として存在感を高めている。

肥後嵐（西幕下17枚目、熊本県出身、木瀬部屋）
188センチ、170キロの25歳。2006年夏場所で初土俵、最高位は幕下2枚目。元幕内肥後ノ海が師匠を務める木瀬部屋は、徳勝龍や臥牙丸ら関取6人が在籍。対御嶽海戦は1戦1敗（15春●押し出し）。

堂々6勝1敗

14日目 7番相撲

御嶽海 6−1 ○ 寄り切り ● 川端《かわばた》 5−2

川端（西幕下筆頭、大阪府出身、追手風部屋）

175センチ、147キロ。日大出身の23歳。アマ横綱の実績を引っ提げ、2014年春場所で、幕下15枚目格付け出しでデビュー。元幕内大翔山が師匠を務める追手風部屋は遠藤が在籍。対御嶽海戦は1戦1敗（15春●寄り切り）。

十両に挑む自信、けがや心労乗り越えつかむ

御嶽海には、対戦相手に知られたくないと、7番を取り終えるまで公にしないと決めた左足首のけががあった。最初に負傷したのは、入門3日目の2月14日。春日野部屋から出稽古に来た幕内の栃ノ心、栃煌山に胸を借りて稽古への意欲が高まった矢先だった。左足首は回復に向かったが、大阪で稽古を始めた2日目の同25日に再び痛めた。

左足首は「前に出るためにねじりの動作を入れると痛む」と、武器の突き押しに影響が出た。勝ち残り形式の申し合い稽古が不足し、審判の合図で同時に立つアマチュア時代と違って「あうんの呼吸」で行う立ち合いで、練習が不足した。

周囲の期待が高まる中で「けがして、それまで以上に不安になった」と精神的に疲労。患部に清めの塩を掛けながら体を動かしたが、胃腸炎で初日の3日前から2日続けて稽古を休んだ。

左足首も体調もぎりぎりで初日に間に合った御嶽海は、父の春男さん（66）からも助言を受け、「全て試練だとプラスに捉えればいいし、プロは勝ち負けでしか判断されない」と腹をくくった。

序盤は硬さがあり、場所を通じて立ち合いには稽古不足

初挑戦は6勝1敗
母「木曽の応援届いた」
上松の実家でTV観戦

木曽郡上松町出身の御嶽海は大相撲春場所14日目の21日も勝ち、6勝1敗でプロデビューの場所を終えた。上松町の実家では、母マルガリータさん（44）や御嶽海を良く知る人たちが集まってテレビ観戦。6勝目が決まると大きな歓声が上がった。

「今場所は毎日がどきどきだった」と話すマルガリータさんは、「地元の大勢の応援が届いたと思う。感謝の気持ちでいっぱい」。幼いころから御嶽海を知る近所の南山末太郎さん（75）は「勝負をあきらめない粘りの相撲を見せた。自分の息子のことのようにうれしい」と話していた。

外出先でこの日の取組を見た父春男さん（66）は「ちゃんと結果を出せた」と喜び、「部屋での所作などもしっかり勉強し、慌てずに一歩一歩着実に勝ち上がってもらいたい」。県相撲連盟副理事長の笠原明夫さん（67）＝塩尻市＝は、御嶽海が得意の突き押し以外でも3勝したことに注目し、「力は相当ある。これからがもっと楽しみ」と喜んでいた。

春場所が開かれている大阪市ボディメーカーコロシアムではこの日、女性の相撲ファン数人が支度部屋を引き揚げる御嶽海に声を掛けて写真を撮影。出羽海部屋を応援しているという都内の40代女性は「部屋のホープということで注目していたが健闘した。（幕下で7戦全勝優勝の）出羽疾風と切磋琢磨し、もっと上に行ってほしい」と話していた。

一問一答

自分の力が通用することは分かった

デビュー場所を6勝1敗の好成績で終えた御嶽海は、安堵《あんど》感と自信が入り交じった表情で振り返った。

―6勝1敗の成績をどう受けとめているか。

「場所を通じて（学生相撲とやり方が違う）立ち合いを相手と合わせるのが難しかった。そこに集中し過ぎて、自分の相撲が取れない部分があった。その状態で、6番勝てたことは良かった。自分（の力自体）が通用することは分かった。しこ名で呼ばれることに慣れてきたし、しこ名で呼ばれることがうれしい」

―十両への一発昇進につながる7戦全勝へのこだわりはあったのか。

「7戦全勝を逃した悔しさはある。でも、部屋の先輩の出羽疾風さんが全勝優勝して十両に復帰してくれそうなんで、その悔しさはチャラになった。来場所で自分も十両昇進を決められたら、出羽海部屋のためにもなる。今場所で6勝したので（23日に東京・日本武道館で開かれる）東洋大の卒業式に笑顔で出られる」

―夏場所への課題は。

「鋭く低い立ち合いがまだできていないから、それを磨きたい。プロ（大相撲）は押しにしても差しにしても、次の動作の一個一個が速い。自分のテンポも上げるようにしないといけない」

が出たものの、次第にトーナメント形式の学生相撲で頂点に立った勝負強さを発揮した。出羽海親方は「場所前のことを考えると、よくやったよね」と6勝1敗の新弟子に目を細めた。

番付が上がる夏場所は相手のレベルも上がり、関取への道は平たんではない。今場所後は30日から東京で新弟子を対象にした相撲教習所で、基本動作や大相撲の歴史を学習する。4月27日の夏場所番付発表以降は春日野部屋に出稽古に行き、栃ノ心や栃煌山の胸を借りる予定だ。「関取に胸を借りて一からやれば、結果は出る」。好発進した自信を手に、初心に帰って稽古に励む。

「アマ横綱」対決制す

御嶽海が6勝目を懸けて当たったのは、東洋大時代に何度も対戦している日大出身の川端。御嶽海が本年度のアマ横綱（全日本選手権優勝）、1歳上の川端は前年度のアマ横綱だ。

学生相撲では「五分五分だった」（御嶽海）という一番は、御嶽海に軍配が上がった。突き押しの応酬から四つになっても前に出て、左へ回り込んだ川端を逃さず冷静に寄り切り、5連勝で締めくくった。

川端は来場所の新十両を確実にしている。御嶽海は「対戦したのは川端さんが優勝した2013年末の天皇杯（全日本選手権）以来。良い刺激があった。前に出て押し勝したのは自信になるし、来場所につながる」とした。

出羽海親方
「6勝は良かったね。体が動いているし、今日も前に良く出ていた。来場所が楽しみ。でも、今場所は多くの相手が御嶽海の相撲を知らなかった。来場所は相手が研究してくるから、自分でもっと意識して稽古をしていかないといけない」

元幕内大鷲・伊藤平さん
「ビデオ録画で7番全部見た。後半にかけて良くなり、伸び伸びとやっていた。立ち合いをもう少し良くすれば、もっと強くなる。あごを上げずにすり足でやっていけばいい。けがに気をつけて、頑張ってほしい」

御嶽海
「7戦全勝に地元の期待もあったが、自分はまず勝ち越すことが大事だった。1日1番集中して自分の相撲を取っていれば、御嶽山の噴火災害から1年になる9月までには関取になれると思う。着実に力をつけたい」

基礎みっちり

所作に書道に…同期と半年、育む絆

2015年4月7日 相撲教習所の1日ドキュメント

3月30日から東京・両国国技館にある相撲教習所に通い始めて1週間余。同じ春場所で合格した新弟子や2014年11月に初土俵を迎えた山本（本名・山本正克、長野市出身、玉ノ井部屋）ら約60人と共に、角界で生きていくための基本を学んでいる。

「4年間は短かった」と御嶽海。東洋大の卒業式に出席、代表で学長賞の賞状を受け取った（2015年3月24日、東京・日本武道館）

午前6時半、相撲教習所に通うため東京・両国国技館に入る（手前右）

列になってすり足で準備運動（前から2人目）

整列し、基本動作を確認する（右列前から2人目）

a.m.7:00
整列、点呼

a.m.7:15
雨のため稽古場で列になり、すり足で周回、四股

a.m.7:50
土俵入りなど基本動作学ぶ

a.m.8:25
すり足、てっぽう

a.m.8:35
勝ち残り方式で行う申し合い稽古

a.m.9:15
ぶつかり稽古

a.m.9:50
学科のため、隣の教室に移り、国語（書道）

a.m.10:50
風呂、食事

p.m.0:20
解散

相撲教習所

新弟子検査に合格し、日本相撲協会に登録された力士の教育施設。両国国技館の一角にあり、日本書紀や古事記に始まる相撲史、修行心得、国語、社会、運動医学などを学ぶ。江戸東京博物館の竹内誠館長によると、大正時代に財団法人化された協会の規定に教習所を設けると定められていたが、実際に設置されたのは1957（昭和32）年。現在、友綱親方（元関脇魁輝）が所長を務め、甲山親方（元幕内大碇）や関ノ戸親方（元小結岩木山）ら所員4人が教官を務める。力士が所属する部屋の兄弟子の一部も指導を手伝う。

授業を終え、国技館の食堂で腹を満たす御嶽海（右から2人目）と山本（同3人目）

この日の学科は書道。真剣な表情で筆を走らせる（手前）

夏場所新番付発表

番付に初掲載　東幕下3枚目に

前頭筆頭栃ノ心（中央）の「かわいがり」を受ける御嶽海（中央下）。左端は小結栃煌山、右端は前頭6枚目碧山（5月1日）

同じ出羽海一門の春日野部屋で「出稽古」に初めて参加。前頭筆頭の元小結栃ノ心らの胸を借り、十両昇進に挑む夏場所に向けて稽古に励んだ（5月1日）

夏場所に向け、稽古を本格再開。十両復帰[illegible]の兄弟子、出羽疾風（左）と申し合い稽古に励む御嶽海（4月28日）

横綱審議委員会による稽古総見に初出席。申し合い稽古に臨んだ御嶽海（中央奥）は相手（同手前）を破った後、土俵を囲む力士たちから次の相手の名乗りを受けた（4月29日、東京・両国国技館）

自身のしこ名が初めて載った番付表を手にし、「番付表にしこ名が載り、これで大相撲界の仲間入りができた実感がある」と喜ぶ御嶽海（4月27日）

真剣なまなざしで土俵祭りを見学（右）。「アマチュア時代は見ることがなかった。いよいよ始まります」と気持ちを新たに

初日を前に場所中の安全を祈った土俵祭り（5月9日、東京・両国国技館）

初の黒星スタート

2日目 1番相撲

御嶽海 0−1 ● 下手投げ ○ 正《しょう》代《だい》 1−0

正代（西幕下2枚目、熊本県出身、時津風部屋）
182センチ、143キロの23歳。2014年春場所で初土俵を踏み、幕下37枚目で臨んだ15年1月の初場所で幕下優勝。同3枚目に上がった3月の春場所を4勝3敗で終え、今場所が自身最高位。得意は右四つ、寄り。東京農大2年時に全国学生選手権で優勝。御嶽海とは元「学生横綱」同士の対戦。対御嶽海戦は1戦1勝（15夏○下手投げ）。

元学生横綱対決「体が動かず」

幕下10枚目格付け出しデビューから2場所目を迎えた御嶽海は、黒星スタートするのも、黒星が先行するのも初めて。1歳上で同じ元「学生横綱」の正代に良いところなく敗れ、「体が動かなかった。それだけです」と少し元気がなかった。

立ち合いは鋭く踏み込んだが「2歩目が…」と続かず、上体を起こされた。甘くなった脇を正代に深く差され、下手投げに宙を舞った。学生時代に自身は東洋大、正代は東農大の主力として個人、団体戦で何度も対戦。結果は「互角だった」というが、大相撲での初対戦は一方的になった。

2月末の新弟子検査で149キロあった体重は現在10キロほど軽い。6勝1敗で3月の春場所を終えた後は新弟子対象の相撲教習所に通い、筋力が強化されるような強い当たりの稽古が減った。4月下旬の番付発表後から出稽古や部屋の稽古に励んだが、体に痛みが出たこともあり、圧力のある動きや粘りが戻らない。

初日前日の9日、両国国技館で土俵祭りの見学を終えた22歳は、遠くを見つめながら「あー、緊張してきた」とつぶやいた。人気のある幕内遠藤ら過去に付け出し資格を得てデビューした力士はスピード昇進した例も、そうではない例もあったが、御嶽海はスピード昇進の例に自分も加わらなければならないという責任感をにじませる。

体と心の状態も、対戦する相手の実力も、3月の春場所とは別のもの。両国国技館はアマチュア時代に何度も立ってきた土俵だけれども、全然違う雰囲気に感じている。

取組後、部屋に戻る御嶽海（左から2人目）と話す父・大道春男さん（同3人目）と母・マルガリータさん（左）。右は兄弟子の出羽疾風

出羽海親方
「正代は御嶽海より1年早くプロに入って、もまれている。御嶽海は負けたが、1つ負ければあと6勝しよう、2つ負ければあと5勝しようと考えればいい。もっと楽しむくらいの気持ちでいい」

3日目 2番相撲

御嶽海 1－1 ○ 押し出し ● 魁《さきがけ》 0－2

低い当たりで突き押し連発

前日は四つ相撲に持ち込まれ、良いところなく黒星発進した御嶽海。22歳のホープは2戦目で、突き押し相撲という自分の原点に返った。十両に計5場所在籍した29歳の魁を圧倒。師匠の出羽海親方は「御嶽海らしい相撲だった。こういう相撲が一番良い」と評価した。

この日の朝稽古で、御嶽海は勝ち残り方式の申し合い稽古を回避。兄弟子に胸を出してもらい、立ち合いから前に押し出る動作を繰り返した。「自分で意識して稽古したんだと思う」と出羽海親方。回数は約20回。御嶽海は関節をしなやかに使った独特の低く鋭い動きを地道に呼び起こした。

魁との一戦は低く当たり、腕を良く伸ばした突き押しを連発。土俵際に追い込まれた魁が左を手繰って右に変わろうとしたが、御嶽海は「腰が割れていた」といい、重心を浮かさなかった。足が付いていき、「手数で勝負しようと思った」と休まずに押し出した。自分の相撲が取れて、納得の表情だった。

戦績を1勝1敗とし、残りは5番。幕下上位は御嶽海に前日快勝した西幕下2枚目の正代《しょうだい》が同3枚目の安彦《あびこ》に敗れ、安彦の2連勝が目立つ以外は混戦模様。御嶽海は「これからあと5番、こういう相撲を取りたい」と強調し、十両昇進への道をここから切り開く。

取組を終えて部屋に帰る際、台風の接近で雨がぱらつき、御嶽海は兄弟子の出羽疾風（右）に傘を差し掛ける

原点の相撲で初日

魁（東幕下４枚目、モンゴル出身、芝田山部屋）

179 センチ、157 キロの 29 歳。2003 年夏場所で初土俵を踏んだ。14 年の初場所で新十両となり、同秋場所の十両 10 枚目が最高位。得意は突き、押し。対御嶽海戦は１戦１敗（15 夏●押し出し）。

5日目 3番相撲

御嶽海 2－1 ○ 寄り切り ● **双大竜《そうたいりゅう》** 1－2

「手数良く」連勝

師匠が勝負審判「負けられない」

御嶽海は初土俵を踏んだ3月の春場所から、験のいい一つのエピソードが続いている。それは、師匠の出羽海親方が交代制の勝負審判で土俵下にいると、必ず勝っていることだ。6勝した春場所は4勝。夏場所はこの日が初めてで、やはり勝った。「師匠の前では負けられない。気合入ります」と好循環を続ける。

押しが得意の双大竜に頭から低く当たると、「足は出なかったけれど、手数が出せて良かった」と優位に立った。最高位が前頭15枚目ながら今場所で十両から陥落した双大竜を土俵際に追い込むと、左に逃げようとする相手を抱きかかえるように寄り切った。

勝負審判を務めた時に御嶽海が負けていないことは出羽海親方も承知。「ずっと（土俵下に）座っていてあげたいよ」とほおを緩めた。

御嶽海は幕内経験者に対し、春場所の磋《さ》牙《が》司《つかさ》に続いて2連勝となったが、「あまり意識していない」と涼しい顔。戦績2勝1敗となり、十両昇進が懸かる今場所で初めて白星が先行。「あと4番、自分の相撲を取っていきたい」と気を引き締める。来場所は関取となった自分を師匠に土俵下から見てもらうことができるか。

双大竜（東幕下5枚目、福島県出身、時津風部屋）179センチ、126キロの32歳。東農大出。2005年夏場所で初土俵を踏み、09年秋場所で新十両。13年春場所で前頭15枚目となり、新入幕を果たしたが、1場所で十両に戻り、今場所は幕下に陥落した。得意は押し。対御嶽海戦は1戦1敗（15夏●寄り切り）。

布石生かし快勝

巨漢・徳真鵬相手、稽古では武器封印

元十両の徳真鵬は194センチ、215キロの巨漢。御嶽海は身長で15センチ、体重で70キロ以上も下回る。師匠の出羽海親方は「四つに組んだら危ないし、過去にけがした力士が何人もいた」と指摘する。御嶽海は初土俵から2場所目で、取組は角界で初めて顔を合わせる力士ばかり。そのため、徳真鵬を攻略する糸口をつかもうと、今場所の前に布石を打った。

機会は、4月29日に両国国技館で行われた横綱審議委員会による「稽古総見」。幕下力士による勝ち残り方式の申し合い稽古で、御嶽海は徳真鵬と対戦。武器の突き押しをあえて封印し、四つで徳真鵬と胸を合わせて圧力を感じた。「この人はどれだけ強いのかを肌で感じたかった」。結果は寄り切られたが、稽古の中から収穫を得ていた。

この日は立ち合いから徳真鵬の左喉輪や差しに苦しんだが、右おっつけで対抗。簡単に下がらず、潜り込むように隙を突いて右下手を確保した。左にずれ、右をひねりながら左を使って力強く突き落とした。巨漢を巧みに破って場内から大喝采を浴び、「重かったけれど、重さを利用した。右からのひねりが効いた。いやあ、勝てて良かった」と興奮気味だった。

今場所は初戦こそ正代《しょうだい》に良いところなく敗れたが、次の魁《さきがけ》戦を会心の突き押し相撲でものにして以降、好内容の3連勝。「体は相当に動いている。残り3番全部勝ちたい」。十両力士と初めて戦う17日の一番で勝利すれば、十両昇進への流れはさらに加速する。

7日目 4番相撲

御嶽海 3−1 ○突き落とし● **徳真鵬《とくしんほう》** 2−2

徳真鵬（西幕下筆頭、三重県出身、木瀬部屋）
194センチ、215キロの31歳。2007年春場所で初土俵を踏み、09年秋場所で新十両。最高位は十両6枚目。得意は突き、押し、右四つ、寄り。対御嶽海戦は1戦1敗（15夏●突き落とし）。

連続勝ち越し

8日目 5番相撲

御嶽海 4－1 ○ 上手投げ ● 大翔丸《だいしょうまる》 3－5

立ち合い変化、意表突く

「これより十両の取組であります」―。御嶽海は取組が幕下から十両に移ったことを告げる場内アナウンスを、土俵上で初めて聞いた。ただ、頭の中は対戦する大翔丸の攻略法ではなく、「十両の土俵所作を間違えてはいけないと思っていた」。目の前の相撲には、集中できていなかった。

十両の土俵所作は幕下と違う。土俵下から水をつけてもらうようになるし、制限時間に合わせ、仕切りの動作を何度も挟むことがある。塩も必ずまく。御嶽海はこの日の朝、師匠の出羽海親方や兄弟子で東十両12枚目の出羽疾風にやり方を教わって大翔丸戦に臨んだ。

それでも「呼出さんから『時間です』と言われても、集中できていない自分がいた」。ただ、ここで学生横綱、アマチュア横綱のタイトルを取った勝負強さが出る。「勝ち越しが懸かった一番。勝たないと波に乗れないと思って、中途半端に前に出るよりも、変化しようと決めた」という。

立ち合いで左に変わり、大翔丸の首を右で巻きながら、まわしに掛かった左で投げを放った。同じ元アマ横綱で1歳上の大翔丸とは、東洋大時代に何度も戦ったが「変化するのは初めて」と意表を突いた。変化自体も昨年末の全日本選手権準々決勝以来で珍しく、攻めの多彩さを印象づけた。デビューから2場所連続で勝ち越しを決め、7月の名古屋場所は番付が上がることが確実。十両まで上がり、遠藤、逸ノ城らと並ぶ所要2場所でのスピード昇進ができるかどうかは、残り2番と今場所の十両下位の戦績によって決まる。「あと2番しっかり勝っておきたい」と出羽海親方。37年ぶりの県勢関取（十両以上）復活への物語は、いよいよ佳境を迎える。

大翔丸（川端《かわばた》改め）（西十両12枚目、大阪府出身、追手風部屋）

175センチ、151キロ。西幕下筆頭だった3月の春場所まで川端のしこ名で土俵に上がっており、御嶽海と同じ元アマチュア横綱。得意は突き、押し。対御嶽海戦は2戦2敗（15春●寄り切り、15夏●上手投げ）。

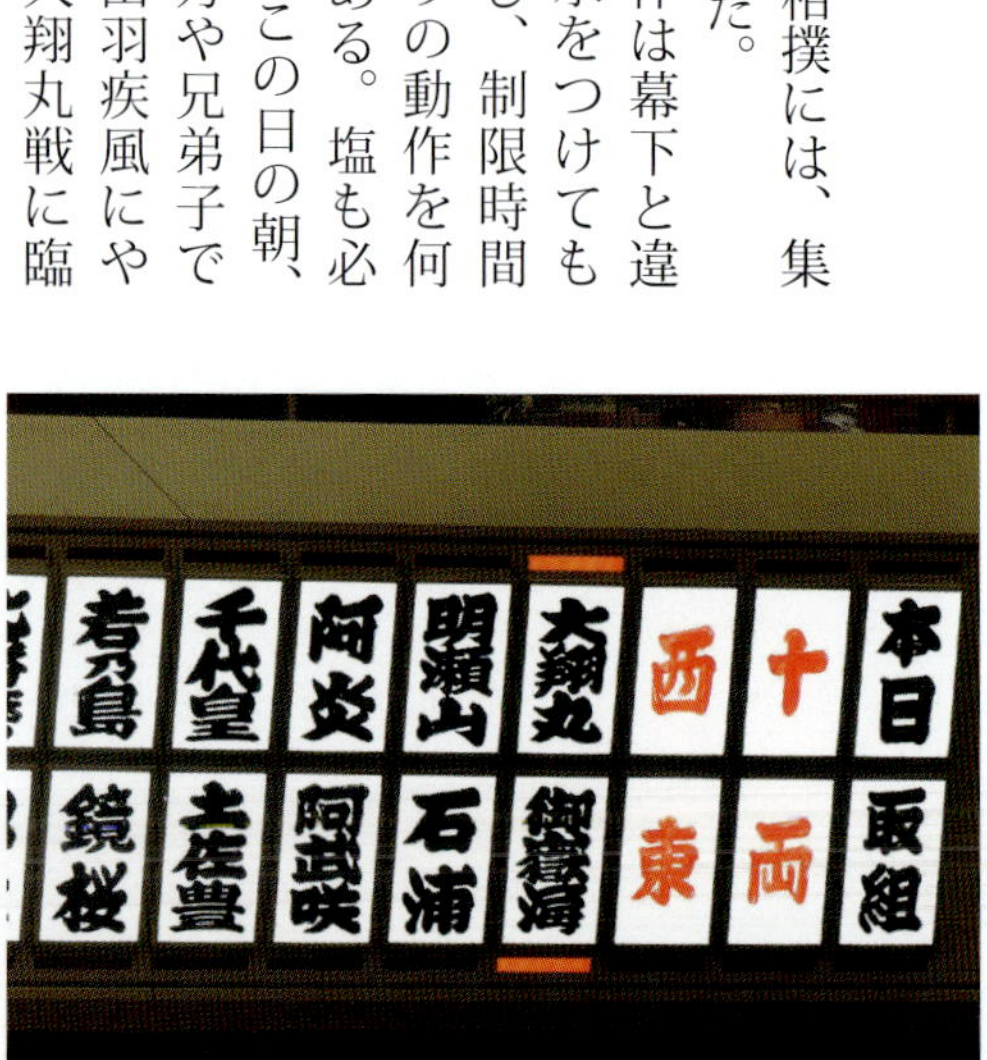

十両の取組から幕内の結びの一番までが並ぶ館内の掲示板にも初めてしこ名が載った。鮮やかな色の締め込みを着ける十両以上と違い、黒まわしにまげも結えない初々しい姿の御嶽海に、観客から声援が飛んだ

昇進ライバル破った

11日目 6番相撲

御嶽海 5－1 ○ 押し倒し ● **安《あ》彦《びこ》** 4－2

初の物言い「危なかった」5勝目

夏場所前、自分がいる幕下上位の番付について御嶽海は「学生（相撲出身の力士）ばかり」と話した。幕下5枚目までの東西計10人のうち実に7人が大学で学生相撲を経験。前日時点で4勝1敗の御嶽海はこのうち他の2人とともに幕下5枚目までの勝ち頭。この日は2人の一方の安彦が相手で、十両昇進の可能性を高める上で重要な一戦となった。

日大出で1歳上の安彦とは、東洋大3年で出場した一昨年の全日本選手権で破って以来の対戦。「まわしを取りに来るのは分かっていた」と立ち合いから鋭い突き押しを連発。土俵際に追い込んだが「最後は腰が伸びた状態で手を伸ばし、（安彦が右に）よけたときに反応ができなかった」。崩れ出た安彦の左から自身も土俵の外に出た。

行司軍配は御嶽海に上がったものの、勝負審判からデビュー後初の物言いがついた。5人の勝負審判が土俵上で話し合った結果、伊勢ケ浜親方（元横綱旭富士）が「安彦の足が残っているかどうか確認しましたが、軍配通り」とアナウンス。御嶽海は「最後がどうなったか、覚えていない。危なかったです」と胸をなで下ろした。

別の取組でもう一人の4勝1敗で東京農大出の正代が敗れ、安彦とともに4勝2敗に後退。御嶽海は5勝1敗と抜け出したが、拓大出で東幕下10枚目から躍進を狙う高木が6戦無敗で全勝優勝に前進し、朝日大出で西幕下筆頭の徳真鵬も3勝3敗で勝ち越しの可能性を残し、2人は御嶽海を優先順位で上回るかもしれない十両昇進の候補だ。

十両下位から何人が幕下に転落するのかも見通し切れず、幕下の学生相撲出身者による十両昇進レースは最終盤まで目が離せない。御嶽海は「今日は大きな1勝だけど、次もまだある。そこに気持ちを切り替えてやりたい」と昇進に大きく前進する6勝目に向け、かぶとの緒を締めた。

安彦（西幕下3枚目、東京都出身、追手風部屋）
184センチ、149キロの23歳。埼玉栄高－日大出。昨年初場所で初土俵を踏んだ。番付は同九州場所から幕下の4枚目、8枚目、4枚目、3枚目と足踏みしている。得意は右四つ、寄り。対御嶽海戦1戦1敗（15夏●押し倒し）。

出羽海親方
「内容は良かった。止まらずに攻めた。これが本来の相撲。安彦とは同じ学生出身で、2人とも上がろうとしている。その中で好内容で勝つんだから精神的にも強いものがあるのだろう。まだ一つでも多く白星が欲しい」

5人の勝負審判が話し合う間、不安そうな表情のまま、土俵下で待つ御嶽海

御嶽海　快進撃

千秋楽　7番相撲

御嶽海 ○ 押し出し ● 東《あずま》龍《りゅう》
6−1　　　　　　5−2

臨機応変な取り口　スタミナ課題

「うわーっ」。第一声は笑みを浮かべながらのうなり声だった。十両昇進を確実にする6勝目を挙げ、花道を引き揚げてきた御嶽海。「きょうは心臓ばくばくでした」。いやでも勝ちを意識し過ぎてしまう状況に打ち勝った。

幕下10枚目格付け出しデビューで、所要2場所での十両昇進なら幕内遠藤と同じだが、御嶽海が挙げた2場所連続6勝1敗の成績は、ともに5勝2敗だった遠藤を上回る快進撃だ。

武器は突き押し。2場所の計12勝では相手の状況を見ながらの対応力を見せ、投げや差しなどの四つ相撲も、立ち合いの変化もできることを印象づけた。「自分の持ち味は、突き押しを基本にした臨機応変さ」と御嶽海も自任する。

「でもまだ何一つ成長していない」。場所前は相撲教習所に通うために稽古量を上げられず、体重は10キロ減少。別の部屋への出稽古で体に負荷を掛けると、右股関節に痛みが出て慎重な調整を強いられた。

「学生上がりのまま」という状態で幕下上位陣を次々と破った地力は、学生時代を含めこれまでの厳しい精進を物語る。しかし、場所中に7番だけ取る幕下と違い、十両以上は15日間の戦い。師匠の出羽海親方（元幕内小城乃花）は「厳しい稽古に耐えられる、プロとしてのスタミナがまだ足りない」と指摘する。

今場所後も相撲教習所通いが控える。名古屋場所に向けた強化を御嶽海がどう進めるか。「来場所はもっと立ち合いの低さや手の回転の速さを磨かないといけない」。スタミナを含めてテーマを明確に持ち、名古屋の土俵で成果を示す。

突き押し、万全の6勝目

御嶽海は元幕内の東龍を圧倒して6勝目を挙げ、十両昇進が懸かった自身2場所目を締めくくった。立ち合いから低く頭で強く当たると、192センチの東龍を下から突き起こし、いなしにも崩れない。武器の突き押しを緩めず、右へ回った相手を追い、最後は腹を押す万全の取り口だった。初戦で正代に敗れたが、2戦目から好内容の6連勝。報道陣から口元に薄く伸びたひげについて聞かれ「初戦の前にひげをそったんで、次から験担ぎでそらないようにしていた」と明かした。

髪もだいぶ伸び、頭で相手に当たると長い前髪が落ちてくる。「うっとうしいですね。目にかぶるところまで伸びてきた。早めにちょんまげを結いたい」。まげどころか、大銀杏《おおいちょう》を結える関取の土俵が待っている。

東龍（西幕下12枚目、モンゴル出身、玉ノ井部屋）192センチ、150キロの28歳。2009年初場所で初土俵を踏み、13年初場所で新十両。同年夏場所で新入幕を果たした。15年春場所で幕下に陥落。今場所はさらに番付を下げた。最高位は前頭14枚目。得意は右四つ、寄り。対御嶽海戦は1戦1敗（15夏●押し出し）。

出羽海親方
「今場所は内容も良く、本来の相撲が取れた。稽古では前に出て突き放すようにだけ助言し、自分の相撲を取れれば、大丈夫だと言っていた」

元幕内大鷲・伊藤平さん
「初戦は腕の使い方が大きすぎてやられたが、2戦目以降はどんどん良くなった。自分で修正でき、相手のことも良く分かっているし、勝負勘が良い。十両に昇進してくれたらうれしいし、地元（県内）で相撲が盛んになる」

御嶽海
「今日は心臓ばくばくでした。何も考えないようにと思ったけれど、勝てば十両に上がれるかもしれないとか、雑念が多くて。でも、自分の相撲が取れて良かった。緊張感を楽しめたのが、6勝につながった。今はほっとしている。いろいろな人の応援や師匠の言葉があって、ここまで来られた」

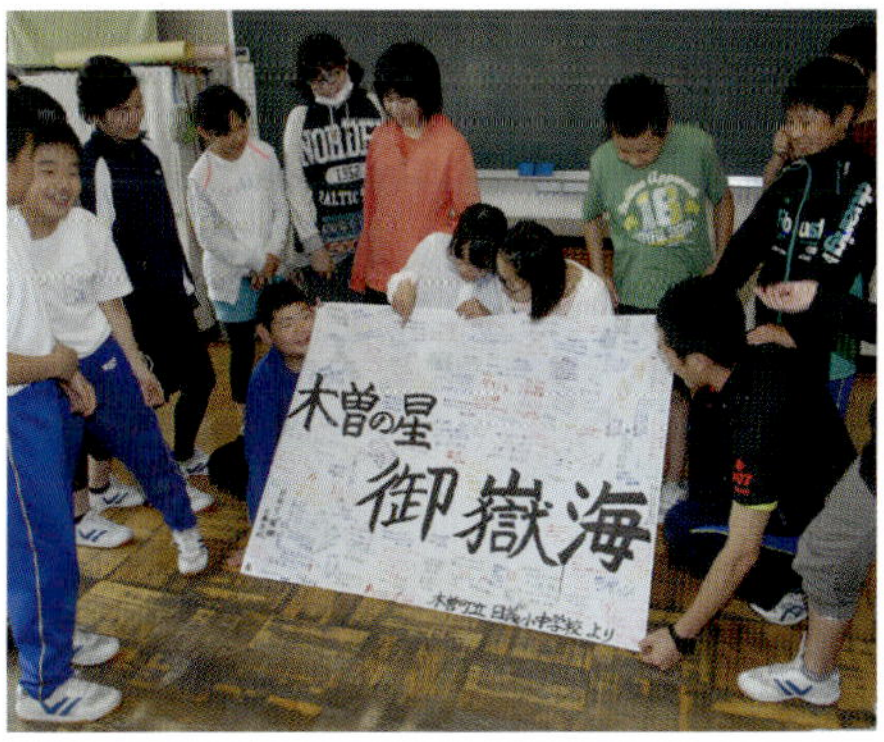

晴れの日待つ木曽、祝賀ムード
児童ら横断幕作り

大相撲の御嶽海が夏場所で6勝1敗の好成績で十両昇進を確実にしたのを受け、木曽郡内では25日、横断幕や懸垂幕を作ったり、祝電を打ったりと祝賀ムードに包まれた。

木曽町の日義小・中学校では、児童、生徒らが「木曽の星　御嶽海」の文字の周囲に「得意な技を生かして頑張って」などと寄せ書きをした縦90センチ、横1・2メートルの横断幕を作った。近く部屋宛てに発送する。御嶽海もかつて所属した木曽少年相撲クラブの児童が3人いることから企画した。「横綱になるまで飾っておいてほしい」と、6年生の半場紅緒さん（11）。

木曽町は役場に「御嶽海情報」コーナーを開設。夏場所の対戦相手や決まり手、27日の番付編成会議で十両昇進が審議されることなどを記した。上松町では、田上正男町長が出羽海部屋に祝電を打った。町内で文具店を営む原英紀さん（72）は、店のガラス戸に「十両昇進確定」と書いた幕を掲げた。原さんは「先走りすぎたかも…」と笑いつつ、正式に昇進が決まれば「祝の文字を加えた懸垂幕を商店など100カ所ほどに配りたい」と張り切っていた。

十両昇進決定

37年ぶりに長野県内出身関取が復活

名古屋場所新番付発表

御嶽海

「ここからが新たなスタートだし、本番だと思っている。今の低い立ち合いで相手をはじくスタイルを貫きたい。頂点（横綱）を狙ってやっていきたい」

出羽海親方

「部屋として良い刺激をもらっている。ただ、関取としてはまだこれから。着実に力をつける中で、昇進を重ねてくれたらいい」

「周りを元気づける関取になりたい」。十両昇進が決まり、笑顔の御嶽海（左）と出羽海親方（5月27日）

突き押し相撲の原点は木曽

「立ち合い低く」父との約束

突き押し相撲―。御嶽海の初土俵から所要2場所でのスピード昇進を支えるのは、学生時代から続ける自分の基本戦法だ。立ち合いの鋭さ、低さには師匠の出羽海親方をはじめとして角界関係者に定評がある。原点をつくったのは、上松町に住む両親との日々だった。

山あいにある実家の縁側に幅180センチ、縦70センチ、高さ30センチの庭石がある。御嶽海は小学4～6年の3年間、庭石の上で毎日400回の四股を踏むのが日課だった。相撲が盛んな木曽地方で当時通った少年相撲クラブ。成長に伴う関節の痛みを抱える先輩を見て、その予防のための体づくりとして始めた。

父の大道春男さんは相撲経験はないが「自分でやると決めたことは、きちんとやるのが、しつけだった」と振り返る。忘れていた日は夕食の途中でも中断して縁側に出た。疲れてもバランスを保たないと、背後の窓に尻が当たった。冬でも春男さんは近くで見守り、20回踏む度に小石1個を並べた。

立ち合いの低さは、春男さんが「いち、にい、さん」と名付けた約束事が原点。立ち合いは飛行機が飛び立つように最初は腰を低く、上体だけじゃ前のめりに落ちてしまうから、手も足も使って前に出る―。春男さんは試合になると観客席から指を1本、2本、3本と順に立て、約束事を忘れないように合図した。

春男さんは、御嶽海が子どものころ、土俵から観客席の父を見つけられないまま敗れた試合を覚えている。「足掛けられて尻もちを付いても、まだ俺を捜して泣いていた」。約束事は大学時代まで続き、「後輩から『先輩のお父さんは観客席から何をやっているんですか』と聞かれたらしい」。

この日、御嶽海は「父は自分で決めたことをやらないと厳しかったし、半面、母親は優しかった。両親の協力がなかったらここまで来られなかった」と語った。母のマルガリータさんとの会話では、母の母国フィリピンのタガログ語で、心境を吐露する。両親と信頼関係で結ばれた御嶽海は「自分には反抗期がなかった」と振り返る。

御嶽海は「自分は目標を内に秘めず、決めたことは口にして、自分でやる」。幼い日々からの姿勢は今につながる。本名の久司は「久しく、司る。どんな職業に就いても、長く続けてほしい」（春男さん）との願いが込められた。相撲道を突き進む22歳の物語は、十両の土俵に移る。

小学生時代、1日400回の四股で使った自宅の庭石（右）と父の春男さん（木曽郡上松町）

元幕内大鷲・伊藤平さんに聞く

精神面の制御、自覚大切

自分が新十両になったのは1968（昭和43）年秋場所。当時師匠から、必要な物をそろえるのにかなりのお金がかかると言われ、地元の佐久に戻り、あいさつ回りをした。それでも、化粧まわしと絹の締め込みの分くらいしか集められず、先代師匠のおかみさんが紋付きはかまを贈ってくれたことを覚えている。

場所が始まると、最初の5日間は緊張しっ放しだった。土俵での所作は間違えちゃいけない。化粧まわしなど身に着ける物は新しいものばかり。綿から絹の締め込みに変わったまわしは、体になじんでいる感覚がなかった。6日目から慣れてきたが、幕下時代から腰を痛めていたこともあり、6勝9敗で負け越した。

御嶽海は、初土俵から所要2場所で十両に昇進し、重圧に強い感じがある。化粧まわしを母校の東洋大から贈られるなど、環境面も恵まれている。15日間を5日間ずつ3回と考え、3勝2敗ずつで乗り切ればいいくらいに考えると、気が楽になる。十両の土俵に早く慣れれば、目の前の一番に集中できるはずだ。

かつての名古屋場所の会場はクーラーがなかった。宿舎もとにかく暑くて、蚊帳を買ってきて何とかしのいだ。暑さ対策は、体力をつけることだが、寝不足が大敵。勝ったときは眠れるけれど、負けが込んでいる時ほど眠れない。気分転換にお酒を飲むなど、自分の精神面をコントロールする方法を自覚することも大切だ。

御嶽海と話す碧の正（左端）、服部（右端）、藤の花（右から2人目）。自身初の付け人になった兄弟子ら3人に関取としての生活を支えてもらっている

地元での十両昇進報告会で園児たちから声援を受ける（6月19日、上松町ひのきの里総合文化センター）

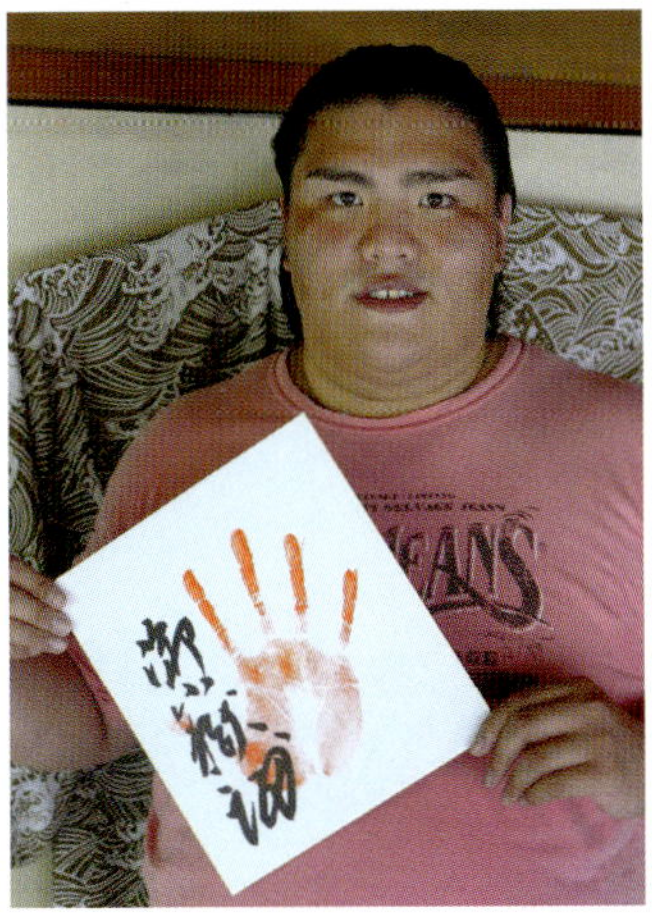

関取に許されるサイン。しこ名をサインし、手形を押した色紙を示す御嶽海

母校の東洋大から同大カラーの「鉄紺」を地に校章をあしらった化粧まわしを贈られ、「鉄紺は懐かしい色。シンプルで格好良い化粧まわしで気が引き締まります」。（6月26日、東洋大学白山キャンパス）

関取の証しでもある鮮やかな赤紫の「締め込み」着ける（中央）（7月6日）

名古屋場所の初日を前に、出羽海部屋の激励会でステージに上がった御嶽海（中央）ら（7月10日）

名古屋場所新番付発表で、御嶽海は西十両12枚目に。のぼり旗を背に番付表を手にする（6月29日、愛知県犬山市の出羽海部屋宿舎）

貫く突き押し

初日

御嶽海 1−0 ○ 寄り切り ● 明瀬山《あきせやま》 0−1

関取として初取組、緊張なく

御嶽海は関取として初の取組を迎えたが「今回は緊張しなかった」と振り返った。なぜなら「稽古を十分にしてきたから」。故障を抱えていた過去2場所の前と違い、今場所は番付発表から2週間で勝ち残り方式の申し合い稽古を170番、ぶつかり稽古で胸を出す役目を110番行った。

明瀬山は体重が30キロ以上も重い。立ち合いは脇の甘さを突かれて上体が起き、やや押し込まれた。しかし、突き押しで明瀬山を後退させると、鋭い出足でもろ差しを決め、力強く寄り切った。

「もろ差しは流れだった」。師匠の出羽海親方から「自分の突き押し相撲を取った結果、決まり手が四つ相撲になっても構わない」と指導されている通りの取り口だった。

過去2場所は、最初の取組の前夜は眠りが浅かった。だが、昨夜は午前0時ごろ就寝し、「普通に眠れた」。この日の朝稽古では、突き押しでけがをしないように手の爪を切った。誤算は、締まりやすいように初めて水にぬらした絹の「締め込み」がきつすぎたくらいで、ほぼ順調だった。

ただし、まだ大銀杏《おおいちょう》が結えないざんばら髪の関取にとって、初めての15日間は始まったばかり。名古屋は暑さが増し「スタミナの自信はない。いかに体力を使わずに相撲を取るかだけ」。冷たい物の摂取やエアコンによる体の冷えに気をつけながら、突き押し相撲を貫く。

関取として初勝利した初日の取組後、上松町の応援ツアー参加者から、千羽鶴やお土産を渡され笑顔を見せる御嶽海

明瀬山（東十両14枚目、愛知県出身、木瀬部屋）

182センチ、177キロの29歳。日大出身。2010年九州場所で新十両となり、最高位は十両7枚目。西十両11枚目で臨んだ15年夏場所は6勝9敗で負け越し、今場所は番付を下げた。対御嶽海戦は1戦1敗（15名古屋●寄り切り）。

2日目

御嶽海 2－0 ○突き落とし● **徳真鵬《とくしんほう》** 0－2

先場所の再戦に「立ち合い迷い」 非凡さと反省と…劣勢挽回

2連勝の御嶽海

新十両の御嶽海は初日から2連勝を飾っても浮かない表情だった。徳真鵬に対し、幕下同士で当たった5月の夏場所と同様、突き落としで勝った。だが「今日は内容が悪かった」。自分の相撲を取り切れなかったもどかしさを隠さなかった。

立ち合いから重い押しや左喉輪で攻め込まれ、上体を起こされて後退した。それでも「体は動いていた」と調子自体は悪くなかったため、なおも前進してきた徳真鵬に合わせて素早く左へ回り込み、相手の右を手繰って何とか突き落とした。

突き押しを貫いた夏場所はおっつけをうまく使って、巧みに徳真鵬の体勢を崩し、スピード感ある会心相撲だった。この日は「同じ手は通用しない」と考え、攻め手が決まらないまま「立ち合いで迷っていた」ことが苦戦の原因となった。

瞬時の判断や対応力で勝利を収めたことに、初土俵から史上最速タイの所要2場所で十両昇進した非凡さがにじむ。ただ、同じ相手と再び当たることは今後、何度もある。御嶽海は「(取組が終わってからも) 気持ちがモヤモヤしている」と話し、立ち合いで迷ったことを自戒した。

師匠の出羽海親方は「迷わず、まずは突き押しを貫けばいい。15日あれば今日のような相撲もある」と助言。2連勝スタートという結果を前向きに受け止め、反省を生かしながら前に進めばいいとおおらかに見守った。

徳真鵬（西十両14枚目、三重県出身、木瀬部屋）
194センチ、215キロの31歳。2007年春場所で初土俵を踏み、09年秋場所で新十両。最高位は十両6枚目。得意は突き、押し、右四つ、寄り。対御嶽海戦は2戦2敗（15夏●突き落とし、15名古屋●突き落とし）。

十両まで史上最速タイの所要2場所で出世した御嶽海の知名度は徐々に高まり、2連勝と好スタートを切ったこの日も会場の愛知県体育館では大きな声援が送られた

突き一気3連勝

3日目

御嶽海 3－0 ○ 押し出し ● **玉飛鳥《たまあすか》** 1－2

四つ相撲警戒
「万全じゃない」精度にこだわり

御嶽海は警戒していた。最高位が前頭9枚目の32歳玉飛鳥は、左差しが得意。御嶽海は「組まれたら重い」と四つ相撲になることだけは避けようと考えた。その結果、わずか3秒ほどの突き押し相撲で決着がついた。

「立ち合いは良かった」。自らの右脇を締めて隙を与えず、左差しを封じるように玉飛鳥の脇や胸を突いた。土俵際で玉飛鳥が半身になったため、御嶽海は前につんのめりそうになったが、先に玉飛鳥の右足が出た。

「最後は上半身が流れて、足が出ていかなかった。引かれたら、自分が落ちていた。万全の相撲じゃなかった」。決して大柄ではない御嶽海は、動きの精度に強いこだわりを持つ。ただ、3連勝という事実が、良い流れを4日目につないだ。

初めての15日間の戦いは3日目が過ぎ、「毎日取組があるのは、勝っているというのもあるけれど、楽しいし、やりがいがある」。フィリピン出身の母の勧めで以前から食べているバナナや、早めの就寝時間で体調管理にも気を使っている。

4日目は同じ新十両で同世代の高立と当たる。2日目に下した徳真鵬は十両で最重量の215キロだったが、高立も2番目に重い205キロの巨漢だ。ともに4連勝が懸かる一番に向け、「少しは意識するが、自分の相撲が大事」と話した。

玉飛鳥（東十両10枚目、愛知県出身、片男波部屋）
185センチ、153キロの32歳。1998年春場所で初土俵。04年九州場所で新十両。05年名古屋場所で新入幕。最高位は05年秋場所の前頭9枚目。得意は押し、左四つ、寄り。対御嶽海戦は1戦1敗（15名古屋●押し出し）。

会心の押し出しで3連勝し、観客から拍手を浴びて花道を引き揚げる御嶽海

勝負強く４連勝

高立（西十両１３枚目、石川県出身、木瀬部屋）
180センチ、205キロの23歳。拓大出。2014年春場所で初土俵。15年夏場所で幕下全勝優勝。十両昇進に合わせ、しこ名を本名の高木から改めた。得意は押し。対御嶽海戦は１戦１敗（15名古屋●引き落とし）。

４日目
御嶽海 ４－０ ○引き落とし● **高《たか》立《りゅう》** ３－１

突き放せず、反省も口に

無傷の４連勝となった御嶽海。幕下10枚目格付け出しで初土俵を踏み、２場所で十両に昇進したのは、現行制度では人気幕内の遠藤以来２人目だ。新十両の場所で遠藤は４日目に初黒星を喫した。幕下での２場所も御嶽海が６勝１敗ずつだったのに対し、遠藤は５勝２敗ずつだった。現時点で御嶽海は遠藤を上回る。

勢いを反映し、この日も地元の木曽地方の人だけでなく、館内の大声援を受けた。取組後はＮＨＫのテレビ放送で新十両インタビューを受けた。ただ、本人は相撲の内容がいまひとつだったため、表情は曇りがち。「まだまだ。もどかしい」。前に出る突き押し相撲を取り切れていないことを気にしていた。

拓大出身で１学年上の高立も得意は押し。御嶽海は立ち合いでほおに張り手を食らい、「リズムが崩れた」。突き放せず左四つの展開に。巨漢の高立にまわしを与えないように左に回り込み、右手で首を抑え込んで引き落とした。「冷静に考えられた」と勝負強さは見せたが「張られるということは立ち合いが遅い」と反省も口にした。

遠藤は２年前の名古屋場所を新十両で迎え、４日目の黒星後は連勝して14勝１敗で優勝。十両を１場所で通過し、入幕を果たした。勝ち越しが目標の御嶽海も、スピード昇進への期待を集める。「勝ち星は気持ちが楽になる」。自分が納得できる相撲を取り、勢いを加速させたい。

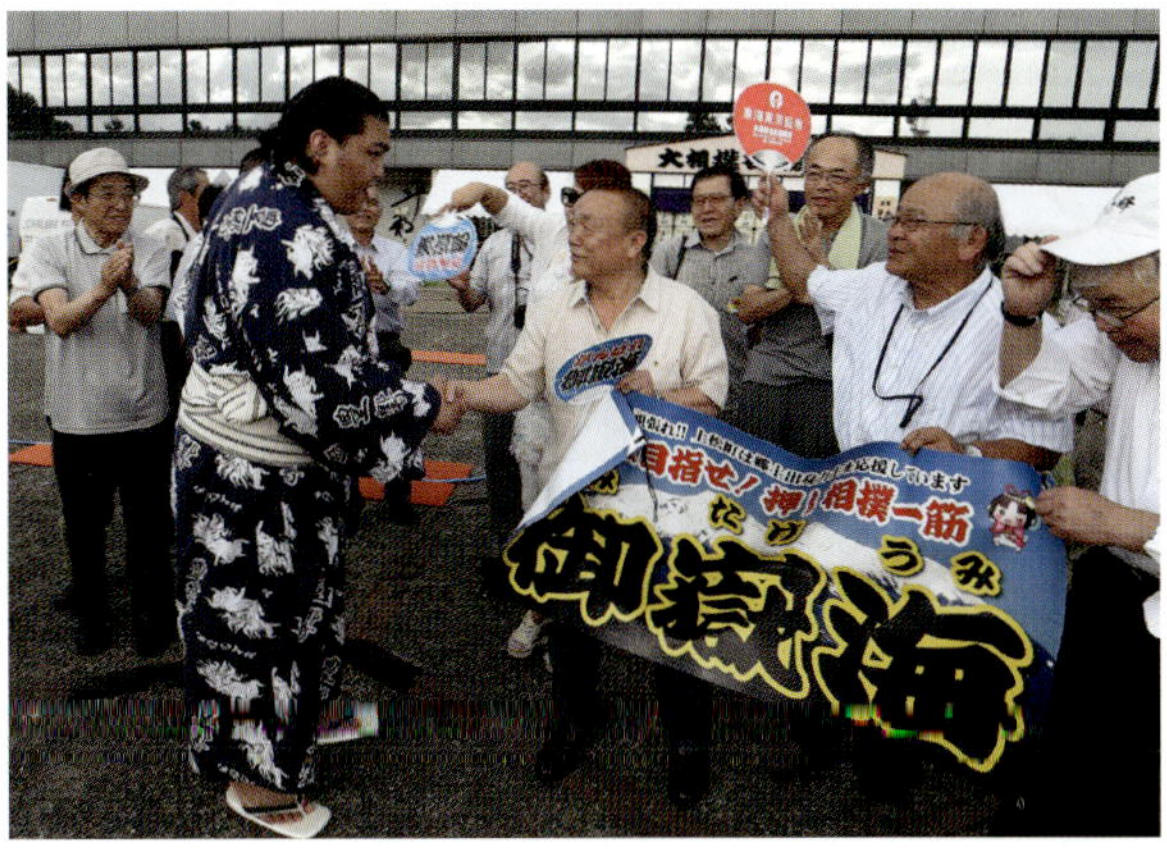

木曽町から応援ツアーで訪れた人たちにお礼のあいさつをする御嶽海。木曽地方などからバスで名古屋市入りした一行は、御嶽海の取組になると、横断幕を上げ下げして応援し、勝利の瞬間は大きく万歳。木曽相撲連盟顧問の三村喜一郎さん（83）は「花道を引き揚げる時に『良かったね』と声を掛けると、ニコッと笑って握手をしてくれた」

押し切って5連勝

5日目
御嶽海 5−0 ○ 押し出し ● 翔天狼《しょうてんろう》 2−3

長距離押す稽古「足も手も出た」

御嶽海は立ち合いから頭を低くして当たった。左喉輪に耐え、翔天狼に引かれても足が良く出て体が付いていった。右喉輪をお返しした後、張り手を左頬に食らうと、翔天狼を両腕で強烈に下から押し上げるようにして土俵外に押しやった。

「最後に張られたからあまり覚えていない。でも、押し切って勝ったんで良かった」。前日の高立戦は左四つから土俵際で引き落とし、勝っても身上の突き押し相撲と離れた取り口に表情を曇らせた。相撲内容を好転させ、「今日は稽古してきたんで。いや『今日も』です」と軽口も出た。

この日の朝稽古は師匠の出羽海親方（元幕内小城乃花）が場所の勝負審判のために宿舎に不在。弟で、理論派のテレビ解説者として定評のある部屋付きの中立親方（元小結小城錦）が指導した。

御嶽海は幕下力士に胸を出してもらい、仕切り板からのぶつかり稽古で調整。ただ、15番ほどを終えると中立親方から「徳俵まで下がり、土俵の端から端まで相手を押すように」と求められた。

御嶽海はさらに10番ほどぶつかり、2倍近く長い距離を押したために汗びっしょり。中立親方は「体が疲れた状態でも長い距離を押し出していければ、本番で相手（の圧力）が重くなっても大丈夫。自分も現役のころに同じ稽古で（上半身と下半身が連動して）腰が入っていくのを感じていた」と説明。5連勝を飾った御嶽海は「足も手も良く出た」と明るい表情が戻った。

初めての15日間は3分の1が終わった。「あと10日間もある。スタミナのことと、これからは十両上位との取組もあるから、未知の世界は不安です」。初土俵からまだ3場所目。出羽海親方や中立親方ら角界の先輩たちの指導を仰ぎながら、出世へと突き進んでいる。

翔天狼（東十両13枚目、モンゴル出身、藤島部屋）189センチ、167キロの33歳。2001年春場所で初土俵。08年九州場所で新十両。09年春場所で新入幕。同年秋場所の前頭2枚目が最高位。得意は突き押し、右四つ、寄り。対御嶽海戦は1戦1敗（15名古屋●押し出し）。

6日目

御嶽海 6－0 ○ 押し出し ● 若乃島《わかのしま》 4－2

回転良い押し、単独トップ守る

初土俵から新十両まで、御嶽海は史上最速タイの所要2場所のスピード出世を果たした。一方、対戦相手の若乃島はスロー出世で史上4位となる85場所もかかった。そんな22歳のホープと30歳の苦労人の初顔合わせは、御嶽海に軍配が上がった。

常に先手を取る激しい相撲で快勝。頭から強く当たり、おっつけで若乃島の差し手をかわすと、喉元を狙って回転の良い押しを繰り出した。土俵際で上体が起きた若乃島に自身も合わせるように「棒立ちになった」と反省したが、手を休めずに押し出した。「もっと速く攻めれば、苦労しないで勝てた」。残り9日間を見据え、この日も改善点を頭に刻んだ。

新十両が初日から6連勝するのは、2012年初場所の千代大龍（8連勝）以来。十両星取りで単独トップの座を譲らず、幕内遠藤、関脇逸ノ城に続く新十両優勝への期待が高まる中、「優勝はまだ意識していない」と地に足をつけている。

支度部屋の出口で、中継するNHKのゲストとして訪れたお笑い芸人の千原ジュニアさんから激励され、「ちゃっかり握手しました。お会いできて良かった」と表情を緩めた。この日も館内の老若男女から「みたけうみー」と声援が飛んだ。取り巻く報道陣も多く、冷静な本人とは対照的に、三役並みの注目を集め始めている。

取組が近づき、花道を土俵へ向かう御嶽海。この日、木曽郡木曽町の「おんたけ交通」が初めて応援バスツアーを運行。上松町や木曽町、同郡南木曽町などの15人が愛知県体育館を訪れ、「がんばれ！御嶽海！」の横断幕を掲げた

先手貫き6連勝

若乃島（東十両12枚目、鹿児島県出身、芝田山部屋）
180センチ、135キロの30歳。2000年春場所で初土俵。14年名古屋場所で新十両。十両に復帰した15年夏場所で8勝7敗と勝ち越し、今場所が自身最高位。得意は突き押し。対御嶽海戦は1戦1敗（15名古屋●押し出し）。

7日目

御嶽海 7－0 ○ 押し出し ● 大《だい》道《どう》 2－5

連勝街道独走

「大道対決」制し7勝 勝ち越し「あと一番」

本名が大道《おおみち》の御嶽海が、しこ名・大道（本名・中西健二）を初顔合わせで破った。相手の読み方は「だいどう」だが、師匠の出羽海親方は「彼がいなかったら、御嶽海のしこ名は取りあえず名字の大道だったかもしれない」と話したことがある。地元の御嶽山の「御嶽」と、伝統ある出羽海部屋の「海」を組み合わせたしこ名の誕生に、相手の大道の存在があった。その32歳との取組で、10歳年下の御嶽海の冷静さが光った。

頭で当たり、すかさず突き押しを展開。左へ回った大道から右張り手をもらっても動じない。頭を上げずに辛抱し、引きに乗じて前進。左おっつけを利かせ、低い姿勢のまま、押し出した。

「張られ、足も止まったが、腰が浮かなかった。引かれても前に出られて良かった」。前日は相手を土俵際に追い詰めながら自身の腰が浮き、「親方に最後が高いと言われた。今日は腰を低くするイメージでやった」。

報道陣の質問はこの日、「大道対決」にも及んだ。御嶽海は「少しだけ意識した。入門前にあいさつした際、『入る前にこっちがしこ名を変えようかな』と言われ、自分から大丈夫ですと答えた」と笑みを浮かべてエピソードを紹介した。

ちなみに、東序二段43枚目には、久司《ひさつかさ》（本名・金城長利、沖縄県出身）がいる。御嶽海は名前が久司《ひさし》だが、番付が違いすぎて「久司対決」が起こる可能性は低そうだ。

7連勝で中日を迎える御嶽海。場所前の目標は勝ち越しだったため、「あと一番しっかり勝ちたい」。出羽海親方も新十両で迎えた1989年名古屋場所で初日から7連勝を飾った経験があり、「1日一番に集中する姿勢でやってほしい」と期待。御嶽海は7勝目を挙げ、来場所も関取（十両以上）にとどまることをほぼ確実とした。今後、白星を重ねるほど、出世の夢が広がる。

大道（東十両11枚目、東京都出身、阿武松部屋）
187センチ、172キロの32歳。2005年春場所で初土俵。10年春場所で新十両。11年名古屋場所で新入幕。12年秋場所の前頭8枚目が最高位。得意は右四つ、寄り。対御嶽海戦は1戦1敗（15名古屋●押し出し）。

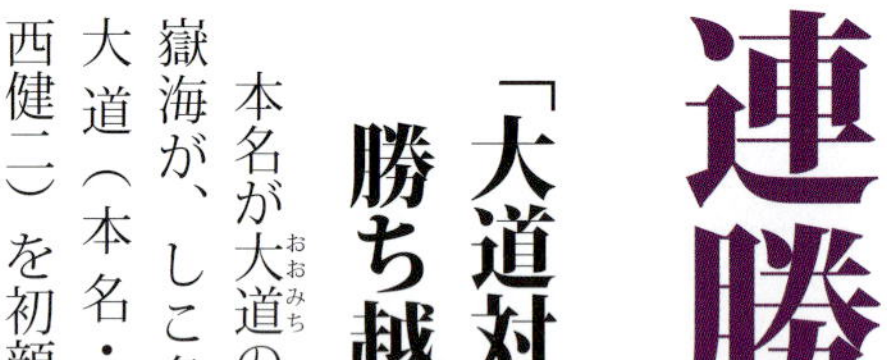

7連勝を決めたこの日も長野県から応援の人たちが大勢訪れた。木曽郡木曽町の大目富美雄さん（58）は「御」「嶽」「海」「！」と1文字ずつ記して自作したうちわを掲げ、知人3人と応援した

素早い変化8連勝

8日目
御嶽海 8−0 ○ 寄り切り ● 千代皇《ちよおう》 4−4

疲労もあった中日「後は自分の相撲を」

御嶽海が中日に選んだ取り口は、立ち合いでの変化だった。「変化は考えていた。中日なので、素早く動けるかどうか、体の状態を確かめるために。体は動いてくれました」。千代皇に立ち合いで当たらず、左へ動いて左上手を取ると、出し投げを打って崩し、そのまま一気に寄り切った。

初めての15日間は中日を迎え、22歳の体は疲労がたまっていた。宿舎で朝稽古を終えると、激励に訪れた東洋大4年から診てもらっている都内の接骨院の院長からマッサージを受けた。持ち味の筋肉のしなやかさや関節の可動域が改善。前日の北磻磨戦で立ち合いの変化から敗れた千代皇を狙い通りに破った。

幕下だった5月の夏場所でも、同じように勝ち越しが懸かった一番で変化した。相手は東洋大時代に何度も対戦した大《だい》翔丸《しょうまる》。勝って十両昇進に前進したものの、東洋大相撲部の田淵順一総監督は「(大翔丸の本名)川端を相手に変化なんかするな、とにかく前に出ろと叱りつけた」と振り返る。

御嶽海にとって、立ち合いの変化は異例ではない。ただ、師匠の出羽海親方は「変化は勝ち越したくて仕方なかったってことじゃないのかな。重圧もあったと思う」との受け止め。「でもね、この先、もっと重圧のかかる一番が出てくる。そのことを思うと」と将来を気にかけた。

相撲人気は復調した。だが、土俵は四つでも突き押しでもなく、単に足を滑らした方が敗れ、観客から「あー」とため息が漏れるような淡泊な相撲が散見される—と嘆く関係者は少なくない。

御嶽海は数少ない日本出身のホープ。格式や伝統を重んじる出羽海部屋に入門し、突き押し相撲というスタイルがある。白星以上の結果はないが、周りの期待や要求は高くなる。

「勝ち越して気持ちが楽になったし、後はどれくらい白星を伸ばせるか。明日からは自分の相撲を取ろうと思う」。御嶽海らしく醍醐《だいご》味《み》を伝えてくれる相撲を、多くの人が待っている。

全勝勝ち越し
平成以降で新十両4人目

大相撲西十両12枚目の御嶽海が名古屋場所の中日8日目の19日、名古屋市の愛知県体育館で土つかずのまま8連勝を飾り、勝ち越しを決めた。御嶽海は今場所が十両1場所目。新十両が無敗で勝ち越すのは新十両場所でストレートでの勝ち越しは平成以降、翔天狼、勢、千代大龍に次いで4人目の快挙だ。

千代皇（西十両8枚目、鹿児島県出身、九重部屋）179センチ、157キロの24歳。2010年春場所で初土俵。13年夏場所で新十両。最高位は十両2枚目。得意は右四つ、寄り。対御嶽海戦は1戦1敗（15名古屋●寄り切り）。

全勝勝ち越し　すごいぞ！
高まる注目、会場大拍手

新十両御嶽海の勝ち越しが懸かった一番を、県内の相撲ファンや関係者が会場やテレビの前で見つめた。愛知県体育館で行われた19日の大相撲名古屋場所8日目。「これからも白星を重ねて」「自分の相撲を大切に」—。快進撃への期待は膨らむばかりだ。

愛知県体育館には、長野県在住の人や県出身者らが応援に訪れ、横断幕を広げたりして御嶽海の取組を食い入るように見つめた。新十両ながら中日8日目での勝ち越しが懸かった一番に、会場のあちこちからとりわけ大きな声援や拍手が送られた。

東筑摩郡山形村の県職員鈴木仁志さん（59）は、家族4人で応援に駆け付けた。次男で介護福祉士の聡仁《あきひと》さん（22）が小学5年の時、東京ディズニーランドでたまたま、当時小学6年だった御嶽海と出会い、それ以来の知り合いという。鈴木さん家族4人は取組中、「長野県の星がんばれ御嶽海」と書いた模造紙の横断幕を広げ、「みたけうみー」と声援を送った。

御嶽海が車で会場を引き揚げる際、鈴木さん家族がその横断幕を広げて見送ろうとしたところ、御嶽海は車を止めて近づいてきてくれた。聡仁さんは「勝ち越しおめでとう」と声を掛けたという。

家族5人で応援した長野市の県職員平沢哲さん（40）は「良かった。次は2桁勝利、そして優勝できたら全勝を」とうれしそう。大町市出身で名古屋長野県人会事務局長の長沢貞夫さん（74）＝愛知県春日井市＝は「8日目に勝ち越しが決まってうれしい。今年はサッカー松本山雅の（愛知県豊田市での）J1デビュー戦も見られたし、最高」と笑みを浮かべた。

御嶽海は取組後、「勝ち越して気持ちは楽になった」と話し、「あとはどれくらい白星を伸ばせるか。優勝については意識も、自信もない。あとは自分の相撲を取るだけ」と気を引き締めた。

元幕内大鷲・伊藤平さん語る

流れ逃さないように

初日は硬さが見られたものの、4日目に同じ新十両の高立《たかりゅう》に勝ったあたりから相撲内容が良くなった。俵を背に引き落としたが、自分が前に出ようとした結果で相手にも圧力がかかったから、ああなる。

新聞を読み、御嶽海は朝のぶつかり稽古で、相手を仕切り線から俵までじゃなく、俵から俵まで長い距離を押していると知った。良い稽古で、本番で最後まで押す力が残っている。低く出て、課題だった左肘が締められるようになった。足も良く付いていっている。

素質があるし、相撲勘がすごく良いと感じる。攻めるところは攻め、逃げて勝てるところを読む力にもたけている。一発勝負の学生相撲で力をつけてきた力士だと思う。全勝までいきそうな雰囲気は出ている。今の自分の相撲を続ければ、幕内に上がっても通じる。

昨日まで良い相撲で来ていたから、今日は勝ち越しが懸かっていたこともあり、立ち合いで変化せず、前に出る自分の相撲で勝ってほしかった。楽して勝とうとする取り口に映るかもしれないし、今は勝ち運に乗っているから作戦も当たるけれど、そうじゃなければ、墓穴を掘ってしまう。大事なところで良い流れを切ることになりかねない。

これから初めて迎える後半戦。まだ若いから、体のスタミナはあるが、精神面のスタミナが大切になる。自分の相撲を取って、流れを逃さないことが大事。そうであれば、どんな結果でも自分自身が受け入れられる。

9日目
御嶽海 8-1 ●突き落とし○ 北磻磨《きたはりま》 8-1

立ち合いの変化に…関取初黒星

9連勝ならず

まるで自分が前日にやった立ち合いの変化のようだった。北磻磨が思い切り良く左に変わると、御嶽海は珍しく足がついていかず、つんのめって土俵にばったり両手をついた。初日から続いた連勝は8でストップ。快進撃の継続を期待した館内は悲鳴と落胆の声に包まれた。

「相手は思いきり当たってくると思った。変化が速く、動きが切れていた」。新十両で初日から9連勝を飾れば、平成以降で2008年九州場所の翔天狼に並ぶ記録だった。「そもそも全勝は狙っていないし、勝ち続けられるわけがない。切り替えて、明日、頑張るだけ」と話した。

変化で相手を負かすと、次の相手に同じような手でやられることがある—。御嶽海もそのことは認識していたが、「ちょっと忘れてました」。

前日の勝ち越しが懸かった一番で、御嶽海は武器の突き押しではなく、立ち合いの変化を取り口に選んだ。新十両でのストレート給金につなげたものの、この日の朝稽古で、部屋付きの中立親方（元小結小城錦）から次のように指摘された。

「どこを目指して相撲取っているんだ。目先の勝ち星よりも、その先にあるものが大事。重圧が懸かった時、これっていう自分の相撲が確立した力士が一番強いんだ」

勝負審判で稽古には不在だった師匠の出羽海親方も考えは同じ。御嶽海は「今日は前に出ようとし過ぎて足が出ず、上半身だけが前に出た」。自分を取り戻そうとした結果の関取初黒星だった。

御嶽海が負けても潔く、きちんと受け答えする姿は木曽で育った子どものころと変わらない。験担ぎで初日から伸ばしていた口元のヒゲを剃り、新たな気持ちで10日目の土俵に上がる。

北磻磨（東十両6枚目、兵庫県出身、北の湖部屋）
182センチ、122キロの28歳。2002年春場所で初土俵。12年初場所で新十両。最高位は15年1月の初場所の十両5枚目。得意は突き、押し。対御嶽海戦は1戦1勝（15名古屋○突き落とし）。

取組後、見送りに来たファンらと話す御嶽海。今場所初の黒星を喫したものの、長野県内から駆け付けたファンらは「あしたからまた連勝を」と熱い声援を送った

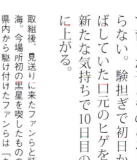

三役経験者の激しい張り手

突き押し相撲で封じきれず2敗

御嶽海は報道陣に何を聞かれても、硬い表情で下を向き、うなずくのが精いっぱいだった。内側を切った左上唇は血が止まらず、手にしたタオルで何度も押さえた。常幸龍の執拗《しつよう》な張り手の応酬を持ち味の突き押し相撲で封じきれず、怒りをこらえた。

御嶽海がもらった張り手や喉輪は、右や左に約10発。ひるまずに突き押しで出て土俵際に追い込んだものの、張り手の影響なのか、腰が高くて押しきれない。3度目の追い込みをかわされると、右上手を取った常幸龍に左で首もつかまれ、出し投げを食らった。

今場所の御嶽海は4日目の高立から張り手をもらい始め、5日目の翔天狼や7日目の大《だい》道《どう》からも食らった。3人には勝ったものの、日大時代の２００８年に御嶽海と同じ学生横綱に就いた常幸龍の張り手は激しく、及ばなかった。

御嶽海が関取（十両以上）になって初黒星を喫した20日、部屋付きの中立親方（元小結小城錦）は「俺たちは目先の勝利よりも、あいつ（御嶽海）が連敗しないかとか、一つ負けた後にどんな相撲を取るかを見ている」と話した。

御嶽海は幕下だった5月の夏場所は初戦で負けたが、2戦目は会心の突き押し相撲で勝利し、新十両への流れをつくった。常幸龍との取組でも、突き押し相撲を貫いて館内を沸かせたが、昨年秋場所を小結で戦った常幸龍は、御嶽海にとって初対戦となる三役経験者。師匠の出羽海親方は「地力があるからね」と口にした。

22歳の御嶽海は11日目以降も十両上位との連戦が続く。勝ち越しは決めており、来場所の番付は下がることはない。恐れずに自分の相撲でぶつかって新たな成長をつかめば、壁は越えられる。

10日目

御嶽海 8−2 ● 上手出し投げ ○ 常幸龍《じょうこうりゅう》 6−4

常幸龍（東十両3枚目、東京都出身、木瀬部屋）

１８７センチ、１５６キロの26歳。日大時代に御嶽海と同じく学生横綱になった。２０１１年5月の技量審査場所で初土俵を踏み、12年夏場所で新十両、九州場所で新入幕。14年秋場所の小結が最高位で、右膝負傷の影響で十両に落ちている。得意は右四つ、寄り、上手投げ。対御嶽海戦は1戦1勝（15〇上手出し投げ）。

しこ名のボードや信濃毎日新聞のPDF号外を掲げ、十両土俵入りを盛り上げる御嶽海ファン（奥）ら

常幸龍（26歳の元三役）

「向こう（御嶽海）への声援が多く、負けられなかった。そう簡単に幕内に上がらせたくない」

11日目

御嶽海 9－2 ○ 押し出し ● 朝赤龍《あさせきりゅう》 7－4

本来の姿勢取り戻し、再び単独トップ

御嶽海は自分の相撲で自身初の連敗を2で止めた。頭でガツンと当たると、33歳で元関脇の朝赤龍の左前みつを嫌いながら、突き押しから右をのぞかせ、右へ逃げる相手を休まずに押し出し。悪い流れをきっぱり断ち切った。

8日目は自分が、9日目は相手が立ち合いで変化。連勝がストップした翌日の10日目、元小結の常幸龍から執拗《しつよう》な張り手を食らって2連敗を喫した。それでも「相撲自体は良かった」と前に出る本来の姿勢を取り戻し、3日ぶりの白星につながった。

常幸龍の張り手で左上唇は内側が切れて腫れ上がり、この日の朝は冷ました卵がゆを中心に栄養を取った。朝赤龍の攻めを受けた際、患部に当たり悪化した様子。取組後の支度部屋で「今日は駄目っす。うまくしゃべれないっす」と少しおどけながら痛みに顔をしかめた。

1989年名古屋場所で、今場所の御嶽海と同じように新十両だった師匠の出羽海親方は初日から7連勝した後、負けたり勝ったりで10勝5敗の結果だった。出羽海親方は「初めての十両の土俵だから、10日目を過ぎると、どっと疲れが出るからね」と振り返る。

左上唇の負傷を治すため、22歳の御嶽海は取組後に真っすぐ宿舎に戻り、早めに休むことになる。心身の疲れが相撲を左右する終盤戦で、このアクシデントを「けがの功名」にできれば、十両優勝に近づく。

口のけがで、食べられたのはおかゆだけ

連敗止めて9勝目

朝赤龍（東十両４枚目、モンゴル出身、高砂部屋）
184センチ、146キロの33歳。高知・明徳義塾高出。2000年初場所で初土俵。02年名古屋場所で新十両、03年春場所で新入幕。06年名古屋場所で新三役。07年に最高位の関脇。得意は右四つ、寄り、投げ。対御嶽海戦は1戦1敗（15名古屋●押し出し）。

12日目

御嶽海 10－2 ○はたき込み● **蒼国来**《そうこくらい》 8－4

十両3敗力士消え2差
立ち合い変化、唇けが影響か

取組後の館内はどよめきとため息に包まれた。御嶽海が立ち合いで変化したのは今場所2度目。ただ、勝ち越しを意識した中日の8日目と比べ、今回は意味合いが違うようだ。師匠の出羽海親方（元幕内小城乃花）は「口ってことじゃないのかな」と、傷口が悪化した左上唇をかばうための手段だったとみる。

左上唇は10日目の21日に、元小結常幸龍からしつこく張り手を受けて内側が切れた。11日目の22日も朝赤龍の攻めを受け、23日朝は腫れがひどく、顔がゆがんだ。親方衆の助言も受け、後援者の手配で大学病院に直行。診察の結果、蒼国来との取組後にあらためて病院に行き、傷口を縫うことになっていた。

花道を引き揚げ、風呂から出た御嶽海は、付け人を通じて「口が痛くて話すことができない」と報道陣に伝え、質問を受け付けなかった。足早に会場を後にして病院へ向かった。

立ち合いの変化によってぶつからずに蒼国来を破り、患部の悪化は避けられた。だが、勝ち越し、2桁勝利と節目で続いた注文相撲に館内の目は厳しい。御嶽海自身は場所前から「前に出る自分の突き押し相撲を取りたい」と何度も話していた。

出羽海親方はけがを心配しつつ、「（勝ち星が）2桁になったから、これから（内容の）いい相撲を取ってほしい」と期待を込めた。

横断幕やうちわを手に、館内を盛り上げる御嶽海のファン

V近づく10勝

蒼国来（東十両2枚目、中国出身、荒汐部屋）184センチ、140キロの31歳。2003年秋場所で初土俵。10年初場所で新十両、同秋場所で新入幕。最高位は15年5月の夏場所の前頭7枚目。得意は右四つ、寄り、投げ。対御嶽海戦は1戦1敗（15名古屋●はたき込み）。

3敗の御嶽海

大栄翔（西十両筆頭、埼玉県出身、追手風部屋）
180センチ、148キロの21歳。2012年初場所で初土俵、14年名古屋場所で新十両。今場所が最高位で、得意は突き、押し。対御嶽海戦1戦1勝（15名古屋○押し出し）。

13日目
御嶽海 10－3 ● 押し出し ○ **大栄翔《だいえいしょう》** 7－6

「傷悪化怖い」V目前で集中できず

御嶽海は立ち遅れた。大栄翔に上体を起こされ、喉輪を右に左に食らって後退。痛めている左上唇をかばうように半身になり、もろ差しからすくい投げに打って出たが、腰が高く押し出された。

「頭から当たれない。（傷口の悪化が）怖いですね」。痛み止めを飲んで土俵には上がれたが、目の前の相撲に集中できる状態ではなかった。「あと2番あるんで、（つなげられるように）自分の相撲を取りたかった」と歯がゆい様子だった。

調子が万全ではない中で、14日目に十両優勝が決まる可能性もある。師匠の出羽海親方（元幕内小城乃花）は「1日一番に集中するしかない」と残り2日間を見据える。

初土俵から所要2場所で十両に昇進し、新十両優勝ならば、近年では幕内遠藤、関脇逸ノ城に続く快挙。長野県出身力士の十両優勝は1949（昭和24）年の大昇《おおのぼり》（北佐久郡軽井沢町出身、立浪部屋）までさかのぼる。

御嶽海は「今のところは、優勝できたらラッキーという考えですかね」と話す。初日から8連勝で始まり、後半戦は一進一退が続く関取1場所目の最終盤に、無欲の姿勢で臨む。

左上唇 15針縫う大けが

御嶽海は前日の取組後、名古屋市内の大学病院で負傷した左上唇の内側を治療した。本人や付き添った後援者によると、患部を注射で麻酔し、15針縫った。傷はほおの筋肉にまで及んでいた。この日も患部にしびれを感じていたという。

左上唇は10日目の常幸龍戦で張り手によって負傷し、11日目の朝赤龍戦で悪化した。食事は固い物が取れず「口の右側で柔らかいものを食べている」といい、おかゆやゼリー状の栄養補助食品でしのいでいる。

抗生物質と痛み止めの薬を服用して回復を待つ。抜糸は1週間後という。

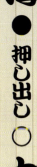

新十両で優勝

14日目
御嶽海 11－3 ○ 上手出し投げ ● **錦木《にしきぎ》** 4－10

初の15日間挑戦　けがで流れ一変

御嶽海は勝つと支度部屋に引き揚げ、テレビで朝赤龍の取組を見守った。朝赤龍が負け、自身の優勝が決まると、口の傷の影響もあって硬かった表情が、少し緩んだ。

初めて臨む15日間。千秋楽を待たずに新十両優勝という大きな成果を出した。ただ、前半戦と後半戦の流れは全く違った。

順調だった場所前の稽古を生かし、前半戦は突き押し相撲を前面に出して、調子を上げながら連勝街道を突っ走った。分岐点は、勝ち越した中日8日目の取り口に選んだ立ち合いの変化だった。

スピード出世の御嶽海は数少ない日本出身のホープ。突き押しが自分のスタイルと公言する。出羽海親方は「もっと重圧のかかる相撲が今後ある。ああいう自分の形ではない相撲を取っていくと、その時に困る」と指導した。

9日目に北磻磨の変化に足がついていかず、初黒星を喫した。10日目は前に出られたが、元小結の常幸龍からしつこく張り手をくらい、2連敗。左上唇の内側を15針縫う大けがにつながった。

その後に挙げた3勝のうち、2勝は再び立ち合いの変化でものにした。

接触による患部の悪化を避けられ、出羽海親方も「口を切った後だから仕方がない面がある」と受け止めたが、期待の新十両が見せた3度の注文相撲に観客席や周囲の力士仲間の反応は割れた。「自分と相手の状況を見て勝利に徹した」という声もあれば、将来性を踏まえて批判的な意見もある。優勝したこの日の観客席からはやじも飛んだ。

37年前まで関取だった元大

鷲の伊藤平さん（佐久市）は「周囲の声は、期待の大きさの表れ。良い方向に考えてほしい」と話す。

御嶽海はけがを抱えながら初の15日間で結果を出し、「この経験は大きい。良い勉強になった」と振り返った。まだ初土俵から3場所目を終えるところだが、新十両優勝で周囲の注目度はさらに高まる。御嶽海らしい強さをどう示していくか。関取としての挑戦は始まったばかりだ。

仕切り直し後、左に変化

左上唇を15針縫った影響で頭から思い切り当たれない御嶽海は、押し相撲の錦木に対し、正面からぶつからなかった。立ち合いで左に変化し、右で錦木の首を上から押さえながら、素早く左上手を引き、そのまま上手出し投げを決めた。

取組は最初、御嶽海の立ち合いが早くて仕切り直しとなった。御嶽海は「今日は頭から突っ込んでいこうと思ったが、自分で突っ込んで仕切り直しになった。フェイントになったと思い、次はよけた」と最初の突っ込みが意図的な布石ではないことを説明した。

出羽海親方も「今日は相手が『待った』の格好になった後の展開だから、結果的に仕方ない」との立場。千秋楽に12勝目が懸かる御嶽海は「明日は来場所につながる感じでやりたい」とした。

師弟は静かに歓喜の握手

御嶽海は25日の名古屋場所の取組を終えて、会場の愛知県体育館（名古屋市）の関係者出入り口で出羽海親方に優勝を報告した。御嶽海関はいったん会場の外に出たものの、周囲から親方がいることを聞いて引き返して近寄った。親方から右手が差し出されると、両手でしっかりと握って深々と頭を下げてお礼。ほんのわずかな時間だったが、師弟で静かに喜びを分かち合っていた。

一問一答

けがをしてから自分の相撲取れず

御嶽海は15針を縫った左上唇の傷でしゃべりづらそうだったが、ほっとした様子で新十両優勝を飾った心境を語った。

―優勝が決まった。

「心境は微妙で、運が良かったという感じ。（場所前に目標として公言した）優勝を有言実行できて良かった。でも、口をけがしてから自分の相撲を取れずに、悔いが残っている。その反省点を来場所に生かしたい」

―左上唇の状態は。

「腫れは少し引いたが、痛み止めは飲んでいる。師匠からは、けがした後は無理をせずに15日間を終わるように言われていた。抜糸し、8月3日に始まる夏巡業にぎりぎり間に合うか」

―14日目を終え、初の15日間をどう感じるか。

「案外、疲れた。（初日から8連勝し）日に日に自信は増していったし、スタミナも力も少しついた感覚があった。でも、口をけがをしてから疲れが出た。課題は精神面とか、心技体、まだ全部。場所の後半戦がいかに大事か分かった」

錦木（西十両9枚目、伊勢ノ海部屋）岩手県出身、185センチ、157キロの24歳。2006年春場所で初土俵。15年5月の夏場所で新十両。今場所が最高位。得意は押し。対御嶽海戦は1戦1敗（15名古屋●上手出し投げ）。

出羽海親方

「初日から連勝を伸ばした中での相撲内容は良かった。後半戦は口をけがしたが、自分なりに対応しながら頑張った。部屋の雰囲気を盛り上げてくれるし、これからも引っ張る姿を見せ続けてほしい」

御嶽海

「十両で自分の相撲が通用した感覚はある。出身地の木曽から近い名古屋で本場所が行われ、地元の人がたくさん来てくれて力になり、結果もついてきた。期待に応えられて良かった。早く幕内に上がりたいというよりも、しっかり力をつけてから幕内に上がりたい」

広がる木曽の夢「やったー」けが押し…胸熱く

地元の希望の星だ―。大相撲の御嶽海が新十両での優勝を決めた25日、地元の木曽地方や県内の相撲関係者は喜びに沸いた。10日目に左上唇を負傷して15針縫う大けがを負う中、立ち会いに変化も交えながら勝ち星を重ねた。地元からは「もっと上を目指してほしい」と期待する声が上がった。

「やったーっ」。御嶽海の実家がある木曽郡上松町の町ひのきの里総合文化センターで開かれたパブリックビューイング（PV）。約100人がスクリーンの生中継を見守り、優勝が決まると拍手や歓声とともに、跳び上がって喜ぶ人や涙ぐむ人もいた。

会場で同町の池戸今朝男さん（80）は「けがで本調子でない中、よく頑張った。御嶽海は町の希望の星。もっと上を目指してほしい」と喜んだ。御嶽海関の母親の大道マルガリータさん（45）も訪れ、「皆さんのおかげで勝つことができ、感謝です」と話した。

御嶽海の少年時代を知る関係者からは取組の姿勢や工夫をたたえる声が聞かれた。同郡木曽町福島中学校時代の恩師で、同町三岳小学校校長の安藤均さん（56）は「自分の相撲は取れていなかったかもしれないが、勝負に徹する姿はプロ」と評価。県相撲連盟副理事長の笠原明夫さん（68）＝塩尻市＝も「器用さもあることを示した。いい相撲だった」。更級農業高校（長野市）相撲部監督の尾羽林《おばばやし》英樹さん（42）は、木曽青峰高校（木曽町）で御嶽海を指導した。尾羽林さんは「高校時代から土俵に上がった後に立ち合い方法を思い付き、勝っていた。判断力の良さや迷いの無さが勝ちにつながったのだと思う」と話した。

会場の愛知県体育館（名古屋市）にはこの日も、長野県から訪れた相撲ファンの姿が。松本市の無職横谷順三郎さん（71）は、相撲を楽しみにしながら5月上旬に亡くなった友人の遺影を持ち込んで声援を送った。「早く三役に上がって長野県の星として活躍してほしい」と話していた。

千秋楽

御嶽海 11−4 ● 寄り切り ○ 千代鳳《ちよおおとり》 9−6

けが影響「自分の立ち合いできず、最悪」

新十両優勝を決めていた御嶽海は千秋楽で4敗目を喫した。左上唇裂傷の影響で、本来の鋭い立ち合いではなく、もろ手で立った。出足がなく、千代鳳の左を抱えながら小手に振って崩そうとするが、決まらない。中に入られてたまらず引き、土俵を割った。

傷の悪化は避けられたが、「自分の立ち合いができず、最悪な相撲だった」。関取（十両以上）1場所目を11勝4敗で終え、「満足いかない。心技体が途中まで良かったが、10日目のけがで心が折れ、技も切れなかった」と不本意そうだった。

新入幕が懸かる秋場所に向け、「今場所以上の成績になるよう、今まで以上に稽古して自分の強度を上げたい」。8月3日に始まる夏巡業などで、出羽海一門の春日野部屋に所属する栃煌山、栃ノ心ら関取衆を中心に積極的に胸を借りる。

完敗のちV実感

千代鳳（東十両筆頭、鹿児島県出身、九重部屋）
179センチ、178キロの22歳。2008年夏場所で初土俵。12年春場所で新十両。13年夏場所で新入幕を果たし、14年夏場所で最高位の小結。得意は突き、押し。対御嶽海戦は1戦1勝（15名古屋○寄り切り）。

表彰式の土俵に喜び
「副賞は両親にプレゼント」

十両優勝の御嶽海は、十両最後の一番だった千代鳳との取組を終えると、表彰式の土俵に立った。審判部副部長の井筒親方（元関脇逆鉾）から日本相撲協会の賞状と金一封を受け取った22歳は「うれしいし、優勝の実感が湧いた」と話した。

十両の優勝賞金は200万円。名古屋市長杯も贈られた。副賞は地元名産のきしめんが1年分で、「これは両親にプレゼントします」。

各段優勝のうち、幕下は元アマチュア横綱の大翔丸、序二段は元学生横綱の大輝。アマ2冠で同世代の御嶽海は「みんなで早く上に上がりたい」とした。

床安引退、御嶽海にエール
出羽海部屋所属、髪結う最高位の床山

大相撲名古屋場所で新十両優勝した御嶽海がいる出羽海部屋の所属で、力士の髪を結う床山の最高位、特等床山の床《とこ》安《やす》が千秋楽の26日、65歳の定年で引退した。ざんばら髪の御嶽海の大銀杏《おおいちょう》を結うことはなかったが、「御嶽海関は上を目指す相撲を取っている。頑張ってほしい」と期待し、50年近くに及んだ床山生活を終えた。

御嶽海は2月の入門から床安と5カ月半過ごし「髪を結ってもらっている兄弟子を見ると、気持ち良さそうだった」と技術の高さを感じた。雑談や笑い話の中に、角界で生き抜くための助言を織りまぜてくれるような人間性にひかれた。

床安が入門した当時の出羽海部屋は力士100人を超える大所帯。左利きを右利きに直し、先輩の技術を見て修業した。大銀杏を結った関取は出羽海親方や元小結舞の海、佐田の海親子ら20人に上る。「（引っ張られる）圧を髪に等しくかけ、結うと痛く感じない」と細部にこだわった。

床安の愛称は「安さん」。出羽海親方は「現役時代の自分が（座ったまま）眠ってしまっても、体が右に傾けば、起こさないように安さんも右に傾いて結ってくれた。若い力士の悩みもそれとなく教えてくれた」と話す。

伝統ある出羽海部屋は2010年に112年ぶりに関取が不在となった。現出羽海親方が部屋を継いだ2014年に関取が復活し、今場所は御嶽海が新十両優勝を飾った。御嶽海は「自分が部屋を引っ張っていくと安さんに言っていたから、十両優勝でそれを少しでも示すことができた」。

床安は「まだまだ十両優勝くらいで喜んでいられないよ」とエールを送る。御嶽海の大銀杏は、後進を育てる床安の意向で、2月の入門時から担当する御嶽海と同じ22歳の床《とこ》力《りき》が結う。

後援会設立へ、来月準備会　木曽地方の関係者中心に

大相撲名古屋場所で十両優勝した御嶽海の後援会設立に向け、地元の木曽地方の相撲関係者が中心となり、8月に準備会を発足させることが25日、分かった。

準備会は、県相撲連盟会長代行で木曽相撲連盟会長の植原延夫さん（75）＝木曽郡木曽町＝を軸に、実家がある上松町や中学、高校時代に学校に通った木曽町の行政や商工関係者でつくる。後援会長や幹事長の人選を進める。

後援会は10月中旬に行われる秋巡業の松本、長野場所に合わせ、告知と会員募集を本格的に始める方針。多くの人が加入できるよう、個人会費は月額換算で千円程度とする案を基本にする。会員には年6場所の番付表や記念品を送る。御嶽海への支援内容を考え、本場所が行われる東京、名古屋、大阪、九州の各県人会との連携も視野に入れる。角界では、後援会が関取に化粧まわしなどを贈る事例がある。

御嶽海は、3月の春場所で幕下10枚目格付け出しデビュー。後援会設立をめぐっては、師匠の出羽海親方が人気先行を心配し「関取に定着してから設立してほしい」という意向を地元関係者に伝えていた。

御嶽海は5月の夏場所で6勝1敗とし、所要2場所で十両昇進を決めると、今月の名古屋場所でも初日から8連勝で勝ち越し、14日目に11勝目（3敗）を挙げ、十両優勝の好成績を収めた。快進撃を受け、後援会設立の機運が高まり、出羽海親方も了承した。

床安
本名は西村安士《やすし》。1966（昭和41）年、同じ長崎県五島列島出身の横綱佐田の山が所属する出羽海部屋に力士として入門。太らない体質で新弟子検査を通らず、176センチの身長は行司や呼出では力士より目立つと、床山に転身した。約50人いる床山は5等から1等、特等の6階級制で、2012年から特等。

新入幕に向けて

故障続き実戦的な稽古不足　「自分の相撲を」

大相撲の夏巡業に初参加、取組で徳真鵬を攻める。名古屋場所で左上唇を15針縫うけがを負った影響で、上がったのは取組の土俵だけだったが、同じ十両の徳真鵬を突き手をかわしながら寄り切りで下した。（8月3日、岐阜メモリアルセンター）

出羽海部屋が毎年夏合宿を張る千葉県東庄町に到着、合流した御嶽海。合宿を毎日見学している近所の人たちと握手する（8月22日、千葉県東庄町の諏訪神社）

房総半島の犬吠埼《いぬぼうさき》に近い東庄町笹川で、出羽海部屋が夏合宿を張るのは15年目。2015年の日程は8月10～23日だが、御嶽海は夏巡業と相撲教習所があり、最後の2日間だけの参加となった。現地に到着すると、地元住民らでつくる受け入れ先の笹川出羽海後援会の幹部から、土俵のある神社や幕下以下の力士が寝泊まりする集会所を案内された。地元の人たちは次々に握手やサインを求め、笹川出羽海後援会の小早稲喜久男会長（66）は「昨日まで、稽古の見学者から『御嶽海はいつ来るんだ』とよく聞かれていた」と話した。

御嶽海は「全国のいろいろな場所で支えてもらい、ありがたい」と感謝。夏巡業の稽古で腰と左股関節を痛め、予定を変更して14日に都内に戻って静養しながら相撲教習所で授業を受けていた。23日も本格的な稽古はしない。十両上位の番付から新入幕につながる好成績を目指す秋場所には間に合う見通しで「けがを治して頑張ります」と力を込めた。

秋場所に向けて稽古を再開、軽めの朝稽古で汗を流す（9月1日）

秋場所新番付が発表され、御嶽海は西十両5枚目に。番付を確認し「まずは勝ち越しを目指したい」（8月31日）

初日前日の朝稽古。故障続きで実戦的な稽古が不足し、番付発表日から初日の２日前まで、勝ち残り方式の申し合い稽古で相撲を取らなかったのは初めてで、御嶽海も不安があることは否定せず、「どこも痛くない力士なんていない。その日の体で、自分の相撲をやれることをやって取っていくだけ」（9月11日）

秋場所に西十両5枚目で臨む御嶽海が9月1日、所属する出羽海部屋での稽古を再開した。夏巡業で痛めた左股関節と腰の回復を優先させ、勝ち残り方式の申し合い稽古はせず、四股やすり足で軽めに体を動かした。

御嶽海は8月13日、夏巡業の郡山場所（福島）で故障し、「まだ本調子ではない」として、この日は腕立て伏せなど土俵脇で体を動かす時間が中心となった。土俵上はぶつかり稽古で東幕下筆頭の出羽疾風を6度押しただけにとどめた。

御嶽海が場所前に故障を抱えるのは3度目。初土俵を踏んだ3月の春場所は足首、5月の夏場所は右股関節を痛め、故障を治しながら結果を出した経験がないわけではない。ただ、番付を十両上位に上げて迎える秋場所は過去と比べ、対戦相手の力量も上がるだけに、御嶽海は慎重に体づくりを進めるつもりだ。

師匠の出羽海親方は故障を考慮し、他の部屋への出稽古はさせない方針を示した。御嶽海は秋場所で好結果を出せば、11月の九州場所での新入幕につながる。「まずは勝ち越せるようにやりたい」とし、プロとして番付を下げないことを最優先しつつ、体の状態と相談してギアを上げていく。

初日を前に、新調したけが防止用マウスピースをつけ稽古する（9月12日）

元幕内大鷲・伊藤平さんに聞く

良い意味で開き直って

自分にも故障で稽古が十分できないまま、本場所に臨んだ時期があった。初土俵から6年目に十両に昇進したものの、椎間板ヘルニアが悪化し、1年も持たずに幕下に転落。再び十両に上がるまで2年余りかかった。

腰が悪い時は稽古中に脚がしびれてもつれ、土俵で転んだ。勝てなくて勝とうと焦り、負けてまた無理に稽古した。その繰り返しだった。苦しむうちに、後援者に「土俵で楽しんでこい」と言われて気が楽になり、自分に合った整体師が見つかった。再十両から新入幕への流れにつながった。

御嶽海は良い意味で開き直り、自分の相撲を取るためにできることをやってほしい。もともと相撲勘は、相手の攻めどころをさっと攻められるという、天性の良さがある。

御嶽海が故障したのは巡業で厳しい稽古をつけられたからと聞いた。自分の現役時代もぶつかり稽古を一度に30分くらい続けられ、トイレに行く余裕もなかった。もまれて強くなった実感は今もある。

御嶽海は今場所で先場所と同等（11勝4敗）以上の結果を出せば、十両に転落する幕内力士の数によっては、来場所を新入幕で迎えられるだろう。給料がない幕下と違い、約100万円の月給をもらえる十両の地位に安住する力士もいるが、まずは三役を目指して貪欲に相撲を取ってほしい。

落ち着いた船出の御嶽海

初日
御嶽海 ○ はたき込み ● 旭日松《あさひしょう》
1－0　0－1

稽古不足、工夫で対応

十両2場所目の土俵に立った御嶽海は、落ち着いていた。左股関節の故障を抱え、場所前は実戦的な稽古が全くできなかったにもかかわらずだ。旭日松は御嶽海よりも体が一回り小さいものの、小学生時代にレスリングで全国優勝した身体能力の持ち主。御嶽海はその素早い動きに屈しなかった。

立ち合いでは旭日松に両手で顔を押され、のけぞった。だが、引いた旭日松に反応良くついていくと、右左の突き押しで逆襲。あらためて前に出ようとした旭日松を力強くはたき込んだ。夏巡業で故障して以来、相撲を取ること自体が1カ月ぶりだった。それだけに「本番で足がついていくかどうかだと思った。勝てて良かった」とほっとした表情を見せた。

実戦的な稽古は場所前もこの日の朝もできなかった。不安の中で、地道な調整を続けてきたが、内容に工夫があった。ぶつかり稽古は当たるスピードを日に日に上げ、この日の朝は旭日松に体重が近い部屋の力士を相手に指名。すり足には斜めへの動きや切り返しの鋭さも加えていった。前日は疲労回復のため、都内で酸素カプセルに40分間入るなど考えられる限りの体調管理に努めた。

師匠の出羽海親方は「将来を考えると、十分な稽古を積めた方がもちろん良い」としつつ、できることをやって結果を出すのもプロ―という姿勢で見守ってきた。稽古で共に指導する中立親方（元小結小城錦）も現役時代、肩の故障で申し合い稽古が1年間できない時期があったものの、関取の地位を保った経験を持つ。

御嶽海はこの日、7月の名古屋場所で左上唇を15針縫うけがをしたのを受けて作ったマウスピースを着用。旭日松に顔を攻められても無傷だった。「故障しても、プロだから番付を下げないことが大事」。1勝を挙げるための準備が、ホープの歩みを支えている。

出羽海親方

「立ち合いで飛び込んでいくことができた。先に相手に引かれたが、脚がついていったことがよかった」

旭日松（東十両6枚目、千葉県出身、友綱部屋）

175センチ、140キロの26歳。2005年春場所で初土俵。11年九州場所で新十両、12年秋場所で新入幕。最高位前頭11枚目。得意は押し。対御嶽海戦は1戦1敗（15秋●はたき込み）。

冷静に突き押し

2日目
御嶽海 2−0 ○ 突き出し ● 里《さと》山《やま》 0−2

頭押さえ、相撲巧者に作戦勝ち

制限時間いっぱいになると、館内の広いエリアの観客からまとまった規模の「御嶽海コール」が初土俵から4場所目で初めて起きた。「聞こえていた。うれしかった」と御嶽海。今場所は数々のアマチュアタイトルを取った両国国技館の土俵に、関取として初めて立つ。初日の白星スタートが、観客の盛り上がりを加速させたようだ。

熱気あふれる観客席とは対照的に、御嶽海の取り口は2日目も冷静だった。里山は大きくないが、34歳の相撲巧者。御嶽海は立ち合いで、懐に潜り込もうとした里山の頭を右手で押さえてけん制。腰を低く保ったまま、鋭く的確な突き押しで上体を起こすと、常に体の正面に相手を置きながら休まずに突き出した。

立ち合いは頭で低く当たったわけではなかったが、「懐に入ろうとする（小さい）相手は、上から見た方がやりやすい」と考えた上の戦法。「相手がしっかり見えているから、良いと思う。今のところは自分のスタイルでできている」。痛めた左股関節が気にならない程度に回復し、調子自体も上がってきた様子だ。

3日目の相手は常幸龍。御嶽海が何度も張り手を受け、左上唇を15針縫うけがを負った7月の名古屋場所の対戦相手。ただ、この時にひるまず、武器の突き押しを貫けたことで、十両の土俵で戦える確信を得たという。「その後、常幸龍関から『15針は多かったな』と謝られた」。遺恨を残さずに迎える再戦で冷静に白星を狙う。

里山（西十両4枚目、鹿児島県出身、尾上部屋）
176センチ、123キロの34歳。2004年春場所で初土俵。06年初場所で新十両、07年夏場所で新入幕。最高位は前頭12枚目。得意は左四つ、下手投げ。対御嶽海戦は1戦1敗（15秋●突き出し）。

おんべやうちわを振って御嶽海関の勝利を喜ぶ諏訪法人会女性部のツアー客ら。仲間とそろいの青い法被で応援した諏訪市の奥原久子さん（74）は強烈な突き出しを間近で見て「勢いを感じた」

正攻法で3連勝

3日目
御嶽海 3－0 ○ 押し出し ● 常幸龍《じょうこうりゅう》 1－2

注目の相手と再戦「手も足も良く出た」

御嶽海－常幸龍は注目の一番だった。御嶽海は7月の名古屋場所10日目に何度も張り手を受け、左上唇を15針縫う大けがを負って敗れた。その相手が常幸龍だったからだ。ただ、夏巡業中に本人から謝罪され、遺恨はなかった。雪辱を期待するファンを前に再戦をどんな内容にするのか、この取組が今場所の流れをつくる上で重要だった。

「(張り手を食らう)怖さはあまりなかった。自分の相撲を取ることしか意識しなかった」と御嶽海。頭を低くして当たると、威力ある右喉輪で優位に立った。右を手繰られそうになったが、体幹の強さを生かして耐えると、相手のはたきに付け込み、腕を突きつけて押し出した。常に前へ出る正攻法で快勝し、「手も足も良く出た。良い相撲だと気持ちも良い」と話した。

御嶽海は押し出しで勝った後、土俵下に落ちそうになった常幸龍の体を抱きかかえるように支えた。名古屋場所で口から出血したまま常幸龍に上手出し投げで土俵下まで転がされた光景とは対照的となった。「あれがマナーなんで。相手にけがをさせてもいけないし」。常幸龍は同じ元学生横綱で4歳上の先輩。御嶽海は館内にすがすがしさを残し、花道を引き揚げた。

出羽海親方
(土俵下で勝負審判として見守る)「あいつの一番良い相撲。踏み込みが良かった。よく前に出ていて自信になるのでは。(先場所で散見されたように勝ちを意識して)立ち合いは変わるなよと思っていた」

常幸龍(東十両4枚目、東京都出身、木瀬部屋)
元小結で188センチ、160キロの27歳。得意は右四つ、寄り、上手投げ。2015年7月の名古屋場所で初めて戦った。対御嶽海戦は1勝1敗。(15名古屋場所○上手出し投げ、15秋●押し出し)

両国国技館に出店している諏訪郡原村の「かめや」のピザの移動販売車に、3連勝の御嶽海が「記念」のサイン

写真家の篠山紀信さん（74）が松本市美術館で開催中の企画展「篠山紀信展　写真力」に御嶽海の写真を追加展示。場所前に出羽海部屋を訪れ、稽古中の御嶽海を撮影した

立ち遅れ1敗

「まだ序盤…これから」

御嶽海は松鳳山の圧力に屈した。全く抵抗できずにあっさりと投げに崩れ、初日からの連勝は3で止まった。「完璧に立ち遅れた。相手も好調だったので」と、さばさばした表情で話した。

頭で当たった立ち合いは踏み込みが不十分で、上体が起きて出足が止まる。左を差されると「圧力がすごかったので思わず」と、引いて相手を呼び込み、最後はすくい投げで転がされた。身上としている立ち合い勝負で敗れ「少しの出遅れなら大丈夫だが、これだけ遅れると…」と自嘲気味に笑った。

先場所で新十両優勝したものの、引いてしまう悪癖は修正しきれていない。三役経験者に底力を見せつけられて「全然かなわなかった」と完敗を認め「まだ序盤なので、これからです」と自らに言い聞かせるように話した。

4日目

御嶽海 3－1 ●すくい投げ○ 松鳳山《しょうほうざん》 4－0

松鳳山（西十両6枚目、福岡県出身、二所ノ関部屋）元小結で、177センチ、137キロの31歳。2006年春場所で初土俵を踏み、10年夏場所で新十両。11年九州場所で新入幕を果たし、13年初場所で新三役。得意は突き、押し。対御嶽海戦は1戦1勝（15秋○すくい投げ）。

一気の押し

立ち合い鋭く、連敗避け4勝目

御嶽海は連敗をしなかった。「ずるずる行かず、負けが一つで切れたので良かった」。7月の名古屋場所は初日から8連勝した後に初めて2連敗し、口の中を15針縫うけがも負った。新十両で優勝したが、最終盤は変わってしまった流れに苦しんだ。

今場所は初黒星の翌日の一番で、御嶽海が一方的な相撲を見せた。立ち合いから鋭く当たり、荒鷲を押し込んだ。間髪入れずに突き押しを繰り出すと、左へ回る荒鷲に付いていった。「足も手も出て良かった」。何もさせないまま、押し出した。

直前の大翔丸―松鳳山、旭日松―里山の2番で立ち合いが合わず、勝負審判の井筒親方（元関脇逆鉾）が土俵下から注意した。立ち合いを意識した御嶽海も「集中力が切れそうになった」と一度は相手を突っかけたが、落ち着いて2度目で成立させた。

前日の松鳳山戦は立ち遅れが敗因となったこともあり、この日は、朝稽古から立ち合いへの意識の高さが目立った。鏡を見ながら素早く足を踏み出す動作を何度も繰り返した。「腰が高かったので、修正した」。天性のばねを生かした力強さが戻った。

今場所は左股関節が回復途上のまま15日間の戦いに入り、序盤戦を4勝1敗で終えた。「上出来です。明日から中盤戦なんで、ここからが勝負。気持ちを入れ替えてやりたい」。その日、その時に何が大切なのかを考えながら、1日1番に懸ける。

5日目

御嶽海 4−1 ○ 押し出し ● 荒《あら》鷲《わし》 2−3

荒鷲（西十両3枚目、モンゴル出身、峰崎部屋）185センチ、137キロの29歳。2002年九州場所で初土俵、11年名古屋場所で新十両、14年夏場所で新入幕。最高位は前頭8枚目。得意は右四つ、寄り、上手投げ。対御嶽海戦は1戦1敗（15秋●押し出し）。

取り口にうまさ

6日目

御嶽海 5−1 ○はたき込み● 貴ノ岩《たかのいわ》 3−3

十分な押しからはたき込み

御嶽海は取り口のうまさが光った。立ち合いは貴ノ岩の方が低かったが、御嶽海はしっかり踏み込んで下がらない。上手を切ると、腰を低く保って圧力をかけ、おっつけやはず押しで貴ノ岩の体を起こしていく。そこから右へ素早く体を開き、迷わずにはたいた。

「相手が良く見えていた。タイミング良く体が反応してくれた」。初黒星を喫した2日前の松鳳山戦でも引いてはたきにいったが、押しの圧力が不足して自分の右に差し手が残り、すくい投げを食らった。この日は圧力を十分かけ、同じ轍《てつ》を踏まなかった。

初日の旭日松から貴ノ岩まで相手は6番続けて幕内経験者。「やはり圧力が違いますね。でも、次のステップにつながる経験です」。初土俵からまだ4場所目の22歳は、突き押し相撲が土台に、一番ごとに対応力と経験値を上げ、十両上位の土俵で結果を出している。

このまま勝ちを重ねれば、11月の九州場所での新入幕につながるペースだが、「稽古不足で（今場所に）入ったから、まだ不安」。15日間連続で戦うのは2場所目。左股関節の故障明けという体の状態もあり、姿勢は慎重だ。「幕内で早く取りたい気持ちはあるけれど、焦らずにやりたい」と地に足をつけている。

貴ノ岩（西十両2枚目、モンゴル出身、貴乃花部屋）181センチ、147キロの25歳。2009年初場所で初土俵、12年名古屋場所で新十両、14年初場所で新入幕。最高位は前頭11枚目。得意は右四つ、寄り、投げ。対御嶽海戦は1戦1敗（15秋●はたき込み）。

7日目

御嶽海 6−1 ○ 突き出し ● 若乃島《わかのしま》 3−4

師匠の目前、必死に「不敗神話」伸ばす

師匠の出羽海親方（元幕内小城乃花）が交代制の勝負審判で土俵下に座っていると、御嶽海は決して負けない。その験の良さは初土俵を踏んだ3月の春場所から続き、連勝はこの日で2桁の「10」に伸びた。さらに伸びれば〝不敗 神話〟として注目を集めそうな勢いだ。

御嶽海が「完璧に立ち遅れた」と振り返った若乃島戦。「でも、今日は必死でした。師匠が見ていたんで」。突き押しの応酬に持ち込むと、低い腰が生むスピードと威力で圧倒。左で若乃島の顎を上げ、反撃の隙を与えずに突き出した。

御嶽海は通算戦績が29勝7敗。勝率自体が8割6厘と高い。さらに「師匠の前だと負けたくない気持ちが強くなる」。2度目の対戦となった若乃島は、両手をついていないように見える浅い立ち合いでタイミングをずらす工夫をしてきたが、御嶽海は立ち遅れても強い気持ちで対応した。

師弟の験の良さは、春場所が4勝、夏場所が1勝、名古屋場所が3勝。今場所は3日目に続いて2勝。出羽海親方は10連勝に「もうそんなに伸びたの」と驚きつつ、左股関節の故障明けの御嶽海に対し、「ここまで内容が良い」と目を細めた。

御嶽海は、横への動きと下がる動きに左股関節の痛みが残るという。出羽海親方は「前に出ること以外に不安がある分、余計なことを考えていないように見える」と指摘。安易に変化や四つを取り口にせず、本来の突き押し相撲を土台に好結果を残す弟子を見て「『けがの功名』かもしれないね」と分析した。

付け人と一緒に場所入りする御嶽海

若乃島（西十両７枚目、鹿児島県出身、芝田山部屋）
179センチ、142キロの30歳。2000年春場所で初土俵、14年名古屋場所で新十両。新十両まで所要85場所は史上4位のスロー出世。今場所は最高位で臨む。得意は突き、押し。対御嶽海戦は２戦２敗（15夏●押し出し、15秋●突き出し）。

突き押しで圧倒

8日目

御嶽海 7−1 ○突き落とし● **大翔丸《だいしょうまる》** 4−4

土俵際残った御嶽海

手を知る「仲間」突き押し・いなしの応酬

御嶽海は東洋大時代、1歳上で日大出身の大翔丸と何度も対戦し、「互いに手を知り尽くし、当時は五分五分の戦績だった」。

獲得した年は違うが、同じアマチュア横綱のタイトルを取った。大翔丸は御嶽海よりも1年早く、幕下15枚目格付け出しでデビューした。

御嶽海は幕下10枚目格付け出しで初土俵を踏んだ3月の春場所と、5月の夏場所で大翔丸と対戦。いずれも勝ち、番付でも大翔丸を抜いた。3度目の対戦となったこの日も勝ったが、「もう少し頑張らないと負けちゃう。稽古しようと思う」と振り返る通り、内容は辛勝だった。

自身よりも大翔丸は背が4センチ低いが「立ち合いで押し合って、そこからが強い」。取組は突き押し、いなしの応酬となり、御嶽海は高い圧力を逃がすように横に2度ほど動いたが、食らい付く大翔丸に追い込まれた。最後は俵伝いに右へ動いて何とか突き落とした。

「必死でしたね。負けたなと思った」。御嶽海は体が軽かった中学時代は後方宙返りもこなしていた身体能力の持ち主。その俊敏さと相撲勘の良さで勝ち星を拾った。

御嶽海は今場所が始まる前、「大学で戦ってきた仲間が十両に上がって来たから、対戦が楽しみ」と話した。2場所ぶりに十両に戻った大翔丸や中日を終えて御嶽海と7勝1敗で並ぶ新十両、正代《しょうだい》（東京農大出）がその仲間だ。

御嶽海は9日目に勝ち越しが懸かり、その先に新入幕が期待される。「上を見る前に、自分の相撲を取ることを意識したい」。学生相撲出身の仲間に先行しながら、2歳上の遠藤《えんどう》（日大出）がいる幕内に加われる日を見据える。

大翔丸（西十両8枚目、大阪府出身、追手風部屋）

175センチ、145キロの24歳。日大時代にアマチュア横綱になり、14年春場所に幕下15枚目格付け出しでデビュー。15年夏場所で新十両となったが、1場所で幕下に転落。名古屋場所で幕下優勝し、今場所は自身最高位で再十両になった。得意は突き、押し。対御嶽海戦は0戦3敗（15春●寄り切り、15夏●上手投げ、15秋●突き落とし）

9日目

御嶽海 7－2 ● はたき込み ○ 豊《とよ》響《ひびき》 9－0

実力者引かせ、自信と悔しさ

観客の「あーっ」というため息とともに土俵下に転がった御嶽海は、遠くを見つめ、苦笑いを浮かべていた。「自信ともう少しで勝てた悔しさの両方の思いでした」。30歳の豊響は腰が重く、幕内上位で長く戦ってきた実力者。「引かないで、引かせるつもりだった。引かせたので、次につながる」と2敗目を喫しても手応えを得ていた。

185センチ、183キロの豊響に対し、立ち合いから激しく突き合い、正面から前に出た。「押し負けず、自分も押せていた」と豊響のバランスを崩したものの、「足が少し滑った感じで、前に出なかった」。上体が突っ込むと、豊響の機を見たはたき込みに転がった。

御嶽海は勝ち越しが懸かった一番だった。5月の夏場所と7月の名古屋場所は同じ一番で、立ち合いで変化した。勝っても、将来を見据えた師匠の出羽海親方（元幕内小城乃花）ら部屋の親方衆から「重圧のかかった一番で自分の相撲を取ることこそ先につながる」と指導を受けていた。

その点でも周囲から注目されたこの日の一番は、前に出る自分の相撲を取り切り、目指す新入幕に向けたここまでの良い流れを切らなかった。「前に出られたし、あと6日間も今日みたいな相撲が取れれば、結果につながる」。国技館を出ると、取り口を評価するファンらに囲まれ、部屋に戻った。

豊響のはたき込みに土俵下に転がる御嶽海。この日は、周囲からの注目も大きい十両後半戦での取組

押して倒れる

豊響（東十両3枚目、山口県出身、境川部屋）

185センチ、183キロの30歳。2005年初場所で初土俵を踏み、07年の初場所で新十両、名古屋場所で新入幕を果たした。最高位は前頭2枚目。今場所は約5年ぶりに十両に転落して迎えた。得意は突き、押し。対御嶽海戦は1戦1勝（15秋○はたき込み）。

押し切れず3敗

10日目

御嶽海 7－3 ● 寄り倒し ○ 正《しょう》代《だい》 9－1

正代に雪辱ならず「詰め甘い…」

御嶽海は初めて同じ相手に2度負けた。1歳上の同じ元学生横綱で、東農大出の正代がその相手。突き押しの御嶽海が懐深い四つ相撲の正代に及ばない。幕下で対戦した5月の夏場所に続いての黒星を振り返り「やりづらさはない。自分の問題」とぶぜんとした表情だった。

正代の右かち上げにひるまず、低く当たって突き押しを繰り出すと、左喉輪で攻め、土俵際に3度追い込んだ。だが「足が一歩ではなく、全然出なかった」と、押し切れずに逸機。正代に左差しを許すと、強引に投げに出て抵抗したが、正代に背を向ける形で寄り倒された。

7番取るうちの最初の相撲で当たった夏場所は、右股関節の故障で調整が不足。そして今場所も、左股関節の故障で場所前に実戦的な稽古が積めなかった。中日を過ぎ、体に別の痛みや疲労も出ている御嶽海は「詰めの甘さ。練習不足です」と敗因を挙げた。

初めて15日間を戦った7月の名古屋場所も同じ9、10日目に2連敗。対戦相手も置かれた状況も同じではないが、「また、勉強ですね」と気を引き締めた。師匠の出羽海親方（元幕内小城乃花）は「あすから後半の5番に入る、ここからが大事」と切り替えを求めた。

正代によると、東洋大時代の御嶽海とは「対戦成績は五分か、相手が少し上だった」という。ただ、名古屋場所前の7月7日に出羽海部屋の宿舎に出稽古に訪れた際は、新十両の御嶽海を10勝2敗と圧倒。新十両で迎えた今場所は優勝争いに絡む力を見せ、今後も御嶽海の好敵手になりそうだ。

この日、力相撲を見せたホープ同士の土俵に館内の観客から大きな拍手が起きた。御嶽海にとって、悔しさがばねになるのは言うまでもない。

正代（西十両12枚目、熊本県出身、時津風部屋）

182センチ、154キロの23歳。東京農大2年で学生横綱。14年春場所で初土俵を踏み、今場所で新十両となった。得意は右四つ、寄り。対御嶽海戦は2戦2勝（15夏○下手投げ、15秋○寄り倒し）。

出羽海親方

「正代とは、まだ2度当たっただけだから（分の良しあしは）これから。立ち合いは良かった。まだ3敗しただけ。悔しがるのは当然良いから、負けを引きずらなければいい」

正代

「引いてしまって失敗したけれど、勝ててラッキー。御嶽海は大学時代から知っているし、負けたくない意識がある。今日はいつもと違う緊張感があった」

「前へ」貫き自信

11日目
御嶽海 8−3 ○ 押し出し ● **輝**《かがやき》 7−4

北信越対決制し、4場所連続勝ち越し

輝は石川県出身の21歳。6月に地元で行われた小松巡業で、自身と同じ呼び名の北陸新幹線「かがやき」に乗って移動し、地元でも話題になった。中学卒業後に入門した輝と、大学卒業後に角界入りした2歳上の御嶽海はアマチュア時代を含めて初顔合わせ。ともに勝ち越しを懸けた「北信越勢」の対決は御嶽海が快勝で制した。

輝が突っかけ、2度目で成立した立ち合い。御嶽海はしっかり頭で当たると、顎を引いたまま上体をうまくそらして輝の攻めの圧力を逃がし、左はずで起こした。「押すことしか意識はなかった」。骨盤の前傾角度を保ったことによって腰が安定し、下から武器の突き押しで力強く押し出した。

場所前は左股関節の故障で稽古不足だったにもかかわらず、11日目に勝ち越し。「第1段階はきちんとクリアした。ほっとした」。交代制の勝負審判で土俵下にいた師匠の出羽海親方（元幕内小城乃花）の前での給金直しに、「師匠も下からにこっとしていた」。デビュー以来、師匠が勝負審判に入った土俵での連勝は11に伸びた。

第2段階の目標は「自分の相撲を取りきるだけ」と話し「新入幕は視界に入れていない」ときっぱり。初日から続けるその姿勢が故障明けでも結果が出ている要因だ。

「前日まで2番連続で負けた相撲も前には出ていた。今日はそれを自信に変えた」。先場所まで2場所連続で、勝ちを意識した立ち合いの変化によって勝ち越しを決め、将来を見据えた部屋の親方衆から指導を受けていたが、今場所その姿はない。

「勝ち越しが懸かった一番を自分の相撲で勝てた。だから手応えがある」。先場所は新十両優勝したものの、勝ち越し以降の取組で左上唇を15針縫うけがをし、終盤は苦しんだ。15日間を戦う上では流れが重要。それを学んだからこそつかめた勝ち越しだった。

輝（東十両5枚目、石川県出身、高田川部屋）
193センチ、153キロの21歳。2010年春場所で初土俵、14年九州場所で新十両。最高位は十両2枚目。得意は突き、押し。対御嶽海は1戦1敗（15秋●押し出し）。

勝ち越しを決めた御嶽海関を囲み、記念撮影する上松町からの応援ツアー参加者ら

低く当たり勝つ

阿武咲（東十両９枚目、青森県出身、阿武松部屋）
176センチ、160キロ。関取（十両以上）でただ一人の10代となる19歳。2013年初場所で初土俵、15年初場所で新十両。最高位は十両８枚目。得意は突き、押し。対御嶽海は１戦１敗（15秋●引き落とし）。

12日目
御嶽海 9－3 ○引き落とし● 阿武咲《おうのしょう》 7－5

「年下には負けない」19歳寄せ付けず

御嶽海は初めて年下の関取（十両以上）との取組が2日間続いた。「年下には負けたくない」との気持ちが強い22歳。東洋大時代に学生横綱のタイトルを取ったのも、最終学年の4年生の時だった。前日に当たった輝は21歳。この日の相手、阿武咲は19歳で、関取でただ一人の10代だった。

「立ち合いでしっかり当たり、あとは体の動きだけだった」と御嶽海。同じ押し相撲の阿武咲を攻め手で寄せ付けなかった。低く速い踏み込みで当たり勝ち、もろはずで押し込む。阿武咲の上体を起こすと、両足がそろったところでタイミング良く引き落とし、ばったりと両手をつかせた。

御嶽海が左股関節を故障した8月の夏巡業。その稽古場で関取になって間もない御嶽海は、人関の23歳照ノ富士に豪快に土俵下へつり落とされ、29歳の豪栄道には、ぶつかり稽古を通常より長い1回10分近く要求された。厳しい稽古をつけられ、「巡業はプロの上下関係の厳しさを教わった」と振り返る。

角界は、番付を絶対的な軸として、相撲歴や年齢も反映した上下関係がつくられる。九州場所（11月）での新入幕へ周囲の期待を集めながら、9勝目を挙げた御嶽海。少しずつ地歩を固めつつ、自分の相撲を取り続ける。

取組前の緊張した表情で花道を入ってくる御嶽海

御嶽海、反転攻勢

13日目
御嶽海 10－3 ○ 寄り切り ● 富士東《ふじあずま》 5－8

「わくわく」初めて幕内の土俵へ

御嶽海は富士東の回転の良い突っ張りを受け、土俵際に後退。両足が俵にかかり、上体は大きく反り返った。「いやあ、強かった。初めて感じた圧力の高さ。焦りました」。ただ、ここから相撲勘の良さを発揮する。

勝ちを目前に大振りになった富士東の腕を下からあてがうと、空いた脇にもろ差し気味に入り、反転攻勢。「足が止まったら絶対に負けると思い、走るしかなかった」。懐に食い込み、一気に前に走って寄り切った。

「体が良く動いて、反応してくれた。助かった」。先場所から上がる十両の土俵で、白星を2場所連続で2桁に乗せた。「安心した。勝ち越しの次(の目標)は2桁勝利だったから」とうなずいた。

残るは2番。白星を重ねれば、幕内と十両が入れ替わる人数次第で、11月の九州場所で新入幕を果たす可能性がある。

ただ、幕内下位の残留争いが混沌《こんとん》としている。前頭12～16枚目の東西計9人だけを見ても、10勝3敗の勢が抜きん出ているほかは、7勝6敗が1人、6勝7敗が7人。大きく負け越している力士がいない。

さらに十両では、西6枚目の松鳳山が12勝1敗で先行。御嶽海と10勝3敗で並ぶ豊響は番付が東3枚目で御嶽海(西5枚目)より上のため優勢だ。先が見通せない中、御嶽海は「まずは自分の相撲を取ることが大事」と冷静だ。

14日目は西前頭15枚目の英乃海との対戦が組まれ、初めて幕内の土俵に上がる。「いいですね。わくわくする」。懸賞も初めて懸かった。その土俵で11勝目を挙げ、新入幕への流れを少しでも自力で引き寄せたい。

14日英乃海戦、初めて懸賞懸かる一番

幕内の取組には懸賞を懸けることができる。御嶽海が英乃海に挑む幕内最初の取組は「あられ・お煎餅《せんべい》のもち吉」から懸賞が出された。御嶽海は初めて懸賞取組に臨む。

懸賞は、企業などの提供者が1本当たり6万2000円を日本相撲協会に支払って懸ける。勝った力士の取り分は取組表掲載料と場内放送料を引いた5万6700円。もち吉(本社・福岡県直方市)は今場所、幕内下位の力士らの励みになればと、中入り後最初の取組に懸賞を15日間出している。

勝った力士は懸賞袋を受ける際、手刀を切る。御嶽海の師匠、出羽海親方は26日の朝稽古で所作を確認させることにしているが、手刀を切るのは「もちろん、勝ってからの話」と、御嶽海らしい相撲での白星を期待した。

富士東（東十両筆頭、東京都出身、玉ノ井部屋）
181センチ、186キロの28歳。2003年春場所で初土俵、11年の初場所で新十両、名古屋場所で新入幕。最高位は前頭4枚目。得意は押し。対御嶽海は1戦1敗（15秋●寄り切り）

14日目

御嶽海 11－3 ○ 寄り切り ● **英乃海《ひでのうみ》** 6－8

幕尻に何もさせず、懸賞金も手に

あっという間の幕内の土俵だった。御嶽海は踏み込んで当たり、英乃海の上体を起こした。右をおっつけて押し込み、左上手を引く。足も良く出て、何もさせずに寄り切る圧勝だった。「緊張は少しあったが、自分の相撲が取れたので良かった」と淡々と振り返った。

英乃海戦は幕内で組まれた最初の取組。その前に幕内、横綱の土俵入りと中入りの土俵整備があり、十両最後の取組だった前日の富士東戦と比べて時間が30分近く遅くなった。観客もその間に増え、「雰囲気が違ったけれど、いつも通りに取ろうと心掛けた」という。

白星を挙げると、幕内の取組だけに提供のある懸賞金を初めて受け取った。「袋を受け取る時は緊張した。でも、今朝、師匠（出羽海親方）に受け取り方を習ったんで」と、行司軍配に乗せられた袋を左、右、真ん中と手刀を切ってからつかんだ。

幕尻の英乃海に負け越しを確定させ、11月の九州場所で新入幕への期待が懸かる御嶽海自身は11勝目。「11勝は先場所（7月の名古屋場所、11勝4敗で新十両優勝）と一緒。あと1番勝てば、先場所を上回るという今場所の目標の一つをクリアできる」と話し、気を引き締めた。

あと1番が控えるのは9月27日。自身のしこ名の由来となった地元の御嶽山で大規模な噴火災害が起きてからちょうど1年の節目に、千秋楽の土俵に立つ。「きちんと結果を出せばいいと思う」。鎮魂と新入幕への歓喜につながる相撲を多くの人が待っている。

懸賞が付いた一番に勝ち、初めて行司から懸賞袋を受け取る御嶽海

幕内土俵で圧勝

英乃海（西前頭15枚目、東京都出身、木瀬部屋）
185センチ、156キロ、日大出の26歳。2012年夏場所で初土俵、14年九州場所で新十両、15年名古屋場所で新入幕。最高位は前頭13枚目。得意は右四つ、寄り。十両上位は幕内下位との対戦が組まれることがある。対御嶽海戦は1戦1敗（15秋●寄り切り）。

千秋楽

御嶽海 12－3 ○ 寄り切り ● 明瀬山《あきせやま》 9－6

明瀬山（西十両10枚目、愛知県出身、木瀬部屋）184センチ、178キロ、日大出の30歳。2008年初場所で初土俵、10年九州場所で新十両。最高位は十両7枚目。得意は突き、押し。対御嶽海戦は2戦2敗（15名古屋●寄り切り、15秋●寄り切り）。

止まらぬ進化

突き押し、体の「軸」定め圧倒

秋場所を十両で戦った力士28人の平均の体格は身長が182・6センチ、体重は156・8キロ。御嶽海は178センチ、145キロで平均をそれぞれ4・6センチ、11・8キロ下回る。やや小ぶりな体格の御嶽海が十両を2場所で通過し、新入幕が確実視される成績を残せたのは、体の使い方で他の力士を上回るからにほかならない。

突き押しを貫いた御嶽海は自身の調子に言及する時、体の「軸」という言葉を使う。不調なら「相手の動きに対して反応が遅く、上半身と下半身の『軸』がずれたまま当たった」という具合に。体の軸を定めて重心を安定させ、突き押しの圧力を一点に集中させて相手に向かっていく。

同じ部屋に所属する元十両現役力士たちは御嶽海との稽古で特有の圧力を感じている。

出羽疾風は「自分が激しく動いても（御嶽海の圧力は）みぞおちの辺りに集まってくる。受けると体が痛い」。出羽鳳は「大道（御嶽海）の圧力を形で表現すると、硬いまる（球）。相撲はバランスの崩し合い。でも、まるだからいびつな部分がなく、相手は崩しようがない。よほど体幹も強いんでしょうね」と話す。

十両2場所で、対戦相手は立ち合いのタイミングをずらしたり、張り手をしたり、御嶽海に「軸」をつくらせない工夫をしてきた。それでも勝てるのは、御嶽海が小学生から続けている習慣が大きい。

　それは、仕切りから立ち合いまで、対戦相手の目をじっと見ること。小学生時代に木曽少年クラブで指導した中村協和さん（69）は「相手の目を見続けていると、集中力が高まるし、相手の動きにも反応しやすくなると教えてきた」と振り返る。

　一方、秋場所の幕内力士（42人）の平均の体格は185・2センチ、163・0キロ。十両と比べ、身長で2・6センチ、体重で6・2キロも上がる。

　御嶽海が初土俵から所要4場所で新入幕を果たせば、昭和以降最速の所要3場所で幕内昇進した遠藤に次ぐスピード出世。ただ、遠藤は2013年秋場所の新入幕から2年間の最高位が前頭筆頭で、ここ1年間は左膝の故障もあって前頭3〜12枚目を行ったり来たり。幕内の層は厚い。

　御嶽海は2月の入門以後、股関節や足首の故障で激しい稽古を継続的に積めていない。師匠の出羽海親方が「それでも結果は出ているが、将来を考えると、もっと稽古を積めた方がいい」と心配するのは、幕内での土俵を考えてのことだ。

　相撲人気の復活で巡業が増え、関取（十両以上）は2カ月に一度の本場所と、その間の巡業で土俵に立ち続ける過密日程。出稽古や巡業の土俵で格上の関取に胸を借り、自分の「軸」を太くし、圧力を高められるか。県出身力士として、1932（昭和7）年春場所に新小結となった元関脇高登以来となる三役昇進へ向け、そこが鍵になる。

突き押し、体の「軸」定め圧倒

　しこ名は故郷の御嶽山の「御嶽」をみたけと読み、所属する出羽海部屋の「海」と組み合わせた。その御嶽山で大規模な噴火災害が起きてから1年の節目が、秋場所の千秋楽に重なった。勝てば九州場所の新入幕に大きく前進する一番で御嶽海は完勝した。

　178キロと重い明瀬山とは2度目の対戦。立ち合いで低く頭で当たり、両はず押しで一気に前進。2本とも入れた。右を巻き替えようとした明瀬山の体が起き、御嶽海はさらに足を進め、何もさせずに寄り切った。明瀬山に2連勝。「前に出る自分の相撲が取れて良かった」。引き締まった表情のまま引き揚げた。

　夏巡業で左股関節を故障。稽古不足のまま入った本場所で、先場所を一つ上回る12勝を挙げた。「前に出よう、自分の相撲を取ろうという意識が強かったのが、良かった」。それは大事な一番の立ち合いで変化し、15日間を戦う上での流れを自ら変えてしまった先場所の教訓も生かした結果だった。

　しこ名が公表された2月下旬、御嶽海は「『御嶽（山）』が噴火したということを今、普通に取ればマイナスのイメージ。でも大相撲の世界で自分が活躍し、プラスのイメージに変えたい」と話した。それから7カ月後。22歳は一つ一つ学びながら、有言実行の出世街道を歩んでいる。

一問一答

「自分の相撲が取れていた」


—十両2場所目の14日間を振り返って。

「自分の相撲が取れていた。負けても取り切ろうと思った。前に出ることを意識し、故障した左股関節は下がる動きをするとまた痛めるから、なお前に出るようにした。取組が進むうちに不安がなくなり、さらに前に出られるようになった」

—11月の九州場所での新入幕が濃厚になった。

「そこは新番付発表まで考えず、上がったところで自分の相撲を取りたい。今場所は上出来だし、ここまで（の4場所）は予想以上の出来。まだ、押しの圧力が足りない。今場所は相手の一発で起きてしまう取組もあった。出足を鋭くしたい。課題は今後も自分の相撲を取ること、それだけ」

木曽の希望になって
新入幕濃厚の御嶽海、ファンら感謝と期待

　大相撲秋場所千秋楽で勝って12勝3敗とし、来場所での新入幕が濃厚となった御嶽海。東京・両国国技館には大勢のファンが県内からも駆け付け、声援を送った。御嶽山噴火からちょうど1年。地元関係者やファンらからは、まだ影響の残る地元を元気づけてくれていることに感謝する声も出た。

　国技館で「御嶽海がんばって！」と書いた色紙を掲げながら声援を送ったのは、安曇野市の池井明水さん（60）と家族ら5人。義妹の青柳良江さん（50）＝安曇野市＝は、御嶽海の活躍は「地元の人たちの励みになっていると思う」と話した。夫や兄夫婦と観戦した上田市出身の山本朝子さん（66）＝東京都江東区＝は「郷土の希望。来場所がますます楽しみ」。

　御嶽海の両親、上松町の大道春男さん（[illegible]）とマルガリータさん（45）も取組を国技館で見守った。大道さんは「これからはもっと厳しい道になる。地力をしっかり付けてほしい」と話した。

　木曽相撲連盟会長の植原延夫さん（76）＝木曽郡木曽町＝は「木曽郡全体のいい励みになる」とうれしそう。「幕内に上がっても前に出る自分の相撲に徹してほしい」。御嶽海が子ども時代に稽古を積んだ木曽少年相撲クラブ（木曽町）の監督田島大助さん（41）は「本人は（自分の活躍で地域を）元気づけようと思ってくれている。それがうれしい」とし、「この勢いで上がれるところまで上がって」と期待を膨らませていた。

御嶽海が相撲教習所を卒業
新入幕へ決意新たに

　大相撲の御嶽海が1日、新弟子を対象にした「相撲教習所」を卒業した。12月の九州場所で新入幕が確実視されている22歳は、東京・両国国技館に併設された教習所で卒業式に出席。「しっかりとした力士としてやらないといけない気持ちになった」と強調した。

　卒業式には日本相撲協会の北の湖理事長や出羽海親方ら新弟子の親方衆も出席。所長の友綱親方（元関脇魁輝）は卒業生48人に「教えを守り、立派な力士になられることを希望する」とエールを送った。

　御嶽海は3月末から、本場所や巡業以外の平日に教習所に通い、大相撲の歴史や所作などを学んだ。教習所生活を振り返り、「勉強は難しかった。面白かった授業は書道。好きな字は『希望』や『謙虚』だった」。わずかな休みを挟んで8日に始まる秋巡業に向け、「稽古量が違うので、しっかり耐えたい」と気を引き締めていた。

　県出身力士では、序二段の山本（本名・山本正宗、長野市出身、玉ノ井部屋）も卒業した。

新たな挑戦 新入幕

長野県出身幕内は39年ぶり

九州場所新番付は西前頭11枚目

御嶽海（中央左）の取組にひときわ大きな歓声が上がった秋巡業長野場所（10月16日、長野市のホワイトリング）

秋巡業の全日程を終え、達成感に満ちた笑顔を見せる御嶽海（中央）と付け人の碧の正。宇都宮市を皮切りに10月8日から始まった大相撲秋巡業は下関市で全日程を終了。御嶽海は全てに参加し、「自信になるし、九州場所で必ずプラスになる」と笑顔で語った（10月25日、山口県下関市）

御嶽海が初の長野県内巡業へ。県出身力士激励会であいさつする（右から2人目）。右端は高三郷、左から琴宇留賀、本木山（10月13日、松本市の県護國神社）

御嶽海一問一答

―新入幕の心境は。

「番付表のしこ名の字が早く大きくなればいいと思っていたので、うれしい。初土俵からここまでは早かったんじゃないかと思うし、出来過ぎ。幕内の土俵は明るく感じるし、お客さんも多い。そこで取るのはドキドキ。（十両と違って）全員が地上波のテレビに映る。空気が違うのを感じる」

―幕内1場所目の目標は。

「これまでと同じく勝ち越すことと、突き押しで前に出る自分の相撲を取りきるということだけ。幕内はすごい上の先輩の関取ばかり。胸を借りるつもりでやりたい。早く対戦したいのは、学生相撲の先輩である遠藤関。遠藤関の活躍が、この世界に入る一つのきっかけになったから」

―県内の期待の大きさをどう感じているか。

「（松本、長野で今月半ばに行われた）秋巡業でふるさとの歓迎はすごかった。自分が会場に入っただけで、横綱が入って来たみたいな拍手が起きて、恐縮した。期待は相当に大きいと感じた。地元でさらに応援してもらえるように、やるべきことを徹底的にやるし、稽古していく」

秋巡業松本場所で御嶽海が信州初土俵。赤ちゃんを抱いて土俵入りした（10月14日、松本市総合体育館）

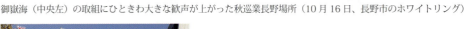

同じ相手と何番も取る「三番稽古」。相手は出稽古に訪れた関脇栃煌山（10月29日）

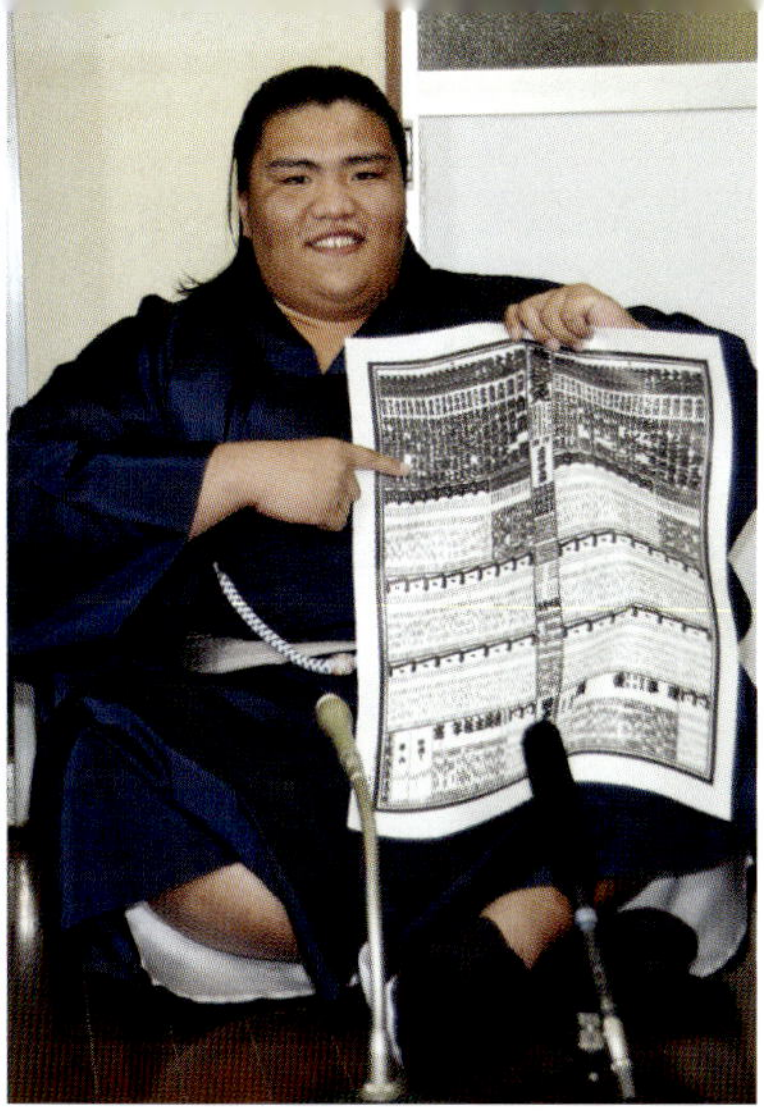

番付表を手に笑顔の御嶽海（10月26日、福岡県新宮町の出羽海部屋宿舎）

立てられたのぼり旗の前で晴れやかな笑顔を見せる（10月26日）

稽古の終わりには土俵の周りで力士たちが馬跳び。ざんばら髪を乱しながら、低くかがんだ力士の上を手をつかずに軽快に飛び越える御嶽海（中央）（11月6日）

出羽海親方

「どんどん勝って番付を上げていくので、びっくりしている部分はある。内容が場所ごとに良くなっているから、これからも楽しみ。幕内で一つでも上の番付を目指して取ってほしい」

元幕内大鷲・伊藤平さんに聞く

鋭い出足、稽古で維持を

自分も御嶽海と同じく、九州場所で新入幕を果たした。１９７２（昭和47）年のことだ。当時は衛星放送がなかったから、テレビに映るのは幕内から。土俵はスポットライトを浴びて明るく、十両とは違った。お客さんもたくさんいて、雰囲気が高揚し、最初は緊張して体が動かなかった。

それでも、９勝６敗で勝ち越すことができた。序盤戦が良く、中盤戦は番付が上の力士と対戦して苦しんだが、終盤戦も良かった。今思えば、相手がまだ自分の取り口を知らなかったから良かったんだと思う。そのうち、自分が得意な左四つで上手を取ることを相手が許さなくなってきた。

今はビデオで相手の研究ができる時代。御嶽海も研究されている。幕内で相手の体格が格段に大きくなるから、御嶽海は突き押しを生む出足を一度でも止めると苦しくなる。俵から俵までを長く押すような良い稽古を続ければ、頭で意識しなくても、自然に低く鋭い出足を続けられるだろう。

福岡は人が温かいし、食べ物はおいしい。御嶽海も楽しみながら相撲を取ってほしいと思う。その辺りの自分をコントロールする力や相撲勘の良さは、うらやましく思うほどいいものを持っている。来年1月の初場所は観戦に行く。その時に幕内上位で土俵に立っていてくれたら、うれしい。

臆せず突き押し

初日

御嶽海 1－0 ○ 突き出し ● 豪《たけ》風《かぜ》 0－1

助言を受けて独自に修正

新入幕の土俵に立った22歳の御嶽海は「緊張していた」。会場入りまで落ち着いていたが、自身が初めて臨んだ幕内土俵入りと、横綱土俵入りが済んだ「午後4時くらいから」、緊張が高まった。迎えた取組は立ち合いで豪風に突っかけたものの、それで緊張がほぐれたのか、仕切り直しから冷静な取り口を見せた。

「胸を借りるつもりでいった」と元関脇の36歳に低く鋭く踏み込み、頭で当たって突き押しで攻めた。俵を背にした豪風のいなしに前のめりになったが、「相手が良く見えて、足が動いていた」と崩れない。低い体勢を保って歩を進め、豪風の体を起こし、左へ回る相手を力強く突き出した。「勝てて良かった」と御嶽海。自身と同じ突き押しが武器の豪風には、10月の秋巡業で「（下から斜め上に）角度をつけて押した方が良い」と助言を受けていた。御嶽海は巡業後の部屋稽古で、骨盤を深く前傾させた姿勢を取り、豪風の助言を実践。ただ、「しっくりこなかった」ため、自分なりに再修正を加えた。

骨盤の前傾を浅く戻し、腰が抜けた状態にならないように腰の位置を前に置いて、上半身と下半身の連動を意識。生まれたパワーを低い姿勢から斜め上に向けたところ、手応えがあった。それが新入幕初日の白星発進につながった。「まだほっとはしていない。あと14日間ある」。今後も白星のため、必要な情報を取捨選択し、時に自分に合った形に変えていく。

豪風（東前頭12枚目、秋田県出身、尾車部屋）

172センチ、151キロ。中大出の36歳。2002年夏場所で初土俵、秋場所で新十両。03年春場所で新入幕。08年春場所で新三役。最高位は関脇。得意は突き、押し。15年9月の秋場所は2場所連続の5勝10敗で負け越した。対御嶽海戦は1戦1敗（15九州●突き出し）。

初の幕内土俵入り 新化粧まわし「重みある」

御嶽海は幕内土俵入りを初めて務めた。所属部屋の後援組織「出羽海会」が贈った、緑地に金色で「御嶽海」と刺しゅうを施した新たな化粧まわしを着用。「部屋後援会からもらった化粧まわしなので重みがあった」と感じつつ、西方の4人目で土俵に上がった。

御嶽海は新入幕とあって観客から声援を受けたが、後に続いた前頭4枚目の遠藤や大関稀勢の里ら人気力士への声援も大きかった。東西14人ずつが土俵に上がった十両時代と違い、幕内は幕尻から大関まで同19人ずつが上がり、各力士の体格の良さもあって土俵の雰囲気は華やかさが増した。御嶽海は「（全員が土俵に上がって土俵中央に）振り返ると、人数が増えたから土俵がいっぱいになっていた。十両と幕内では違うんだなと思った」と話していた。

所属部屋の後援組織「出羽海会」が贈った、緑地に金色で「御嶽海」と刺しゅうを施した新たな化粧まわしで、初めての幕内土俵入りする御嶽海（中央）

出羽海親方

（勝負審判で土俵下から御嶽海を見守って）「足が良く出ていた。連勝が13に伸びるか「足が良く出ていた。うまい豪風に一度はいなされ、土俵際がうが泳ぎかけたけれど、その後も体良く出ていた」

2日目

御嶽海 2−0 ○ 押し出し ● 高《たか》安《やす》 1−1

「同じハーフの大先輩、胸借りるつもりで」

御嶽海は高安と共通点があった。それは日本人の父親と、フィリピン出身の母親を持つこと。「同じハーフの大先輩なので、胸を借りるつもりで自分の相撲を取った」。出生の共通点があるとはいえ、高安は左脚を負傷して途中休場した先場所まで、幕内上位のほぼ常連だった実力者。御嶽海よりも身長で9センチ、体重で20キロ以上も体が大きく、得意の左四つに組まれては「絶対にだめ」だった。

御嶽海の作戦は高安と胸を合わせず、手数で白星をつかむこと。「しっかり当たれた」と脇を差されないように締めて頭から鋭く当たると、右かち上げにもひるまず、高安を下から起こした。喉輪でさらに起こすと、回転の速い突き押しで土俵際へ追い込み、最後は頭から相手の胸を押す万全の攻めで、25歳の三役経験者にとどめを刺した。

木曽の実家から応援に駆けつけた母親のマルガリータさん（45）が見守る前での快勝。「まだ幕内の戦いに慣れず、怖さがある。でも土俵に上がったらやるしかないんで、無心というか、集中できる」。22歳のホープは近い将来、フィリピンと日本を橋渡しするために自分に何かできることはないかと考えている。その思いを形にしていくためにも、着実に存在感を高めるつもりだ。

幕内2連勝を決め、大勢の報道陣に囲まれる御嶽海

万全の攻め

高安（西前頭１２枚目、茨城県出身、田子ノ浦部屋）

187センチ、170キロの25歳。2005年春場所で初土俵、10年九州場所で新十両、11年名古屋場所で新入幕、13年秋場所で新三役。西前頭3枚目で臨んだ15年秋場所は左脚を負傷して4日目から途中休場。得意は突き、押し。対御嶽海戦は1戦1敗（15九州●押し出し）。

捕らえられ、幕内初黒星

3日目

御嶽海 2-1 ● つり出し ○ 蒼国来《そうこくらい》 2-1

戸惑い、左四つ許す

御嶽海は7月の名古屋場所で、同じ十両だった蒼国来に立ち合いの変化からはたき込みで勝った。立ち合いで変化したのは、痛めていた左上唇の傷口の悪化を防ぐためだった。蒼国来には、新十両らしくない白星優先の取り口に映ってにらまれたが、後になって事情を理解してもらえた。ただ、その時の変化が、幕内初黒星となった一番につながった。

御嶽海は本来の突き押しをこの日も前面に出し、頭から立ち合った。しかし、蒼国来に名古屋場所と同じような低く鋭い踏み込みが見られない。「変化を警戒されていたのかもしれない。自分が思っていたのと違って、惑わされた」と御嶽海。持ち味の突き押しはタイミングを狂わされ、抜群の圧力を失った。

蒼国来に左四つを許し、「組まれると、相手の方が一枚も二枚も上手」。経験豊富な蒼国来に右上手をつかまれ、何とか切ろうとしたが、組んでしまってはなすすべなし。腹の上に高々と乗せられてつり出された。

7月の名古屋場所では、左上唇を負傷する前の勝ち越しが懸かった一番で変化し、師匠の出羽海親方は、将来性を考え、重圧が掛かった一番でこそ自分の相撲を取るよう指導。さらに「ああいう相撲を取ると、後で流れを変えてしまうことがある」と心配していた。

「四つに組まれる前に攻め切りたかった。本場所はまだ始まったばかり。しっかり切り替えて、明日からまたやりたい」。名古屋場所を終えて以降、前に出る突き押し相撲を貫いている御嶽海は、挽回を誓った。

正面からぶつかって組み止められ、幕内初黒星の御嶽海に、ファンは「まだこれから」と期待していた

蒼国来（東前頭10枚目、中国出身、荒汐部屋）
186センチ、142キロの31歳。2003年秋場所で初土俵、10年初場所で新十両、同秋場所で新入幕。最高位は15年夏場所の前頭7枚目。同秋場所は前頭14枚目で臨み、8勝7敗で勝ち越し。得意は右四つ、寄り、投げ。対御嶽海戦は2戦1勝（15名古屋●はたき込み、15九州○つり出し）。

当たり負け連敗

松鳳山（西前頭１０枚目、福岡県出身、二所ノ関部屋）
177 センチ、137 キロの 31 歳。2006 年春場所で初土俵を踏み、10 年夏場所で新十両、11 年九州場所で新入幕、13 年初場所で新三役。15 年秋場所は十両優勝し、4 場所ぶりの幕内復帰を決めた。得意は突き、押し。対御嶽海戦は２戦２勝（15 秋○すくい投げ、15 九州○上手投げ）。

4日目
御嶽海 2－2 ● 上手投げ ○ 松鳳山《しょうほうざん》 3－7

うまさに屈し「もっと勉強しないと」

仕切りの直前、館内の観客からコールが沸き起こった。声援が向けられたのは御嶽海ではなく、地元福岡県出身の松鳳山。「しょうほうざん、しょうほうざん」――。御嶽海は3月の初土俵以来初めて〃アウェー〃で相撲を取ることになった。

「アウェーは好き。自分は、勝って観客たちを黙らせようという気持ちになれる」。御嶽海はこの日の朝稽古を終え、そう話していた。実際の取組を終えても、「相手への応援は意識しなかった」と話したが、元小結のうまさに屈する結果となった。

生命線の踏み込みが甘かった。松鳳山に当たり負けて突き放せず、肘が開く悪い癖が出たところに張り差しから左四つを許した。上手を与え、「まわしを取られるときつい。自分の出足も止まってしまった」。振り回すような右上手投げを残せず転がった。

「稽古場で（松鳳山と）やっているのと同じ。強かったですね。もっと勉強しないといけない」。松鳳山は場所前に出稽古で出羽海部屋の宿舎を訪れていた。御嶽海は前日の蒼国来とこの日の松鳳山という経験豊富な30代を相手に、幕内で初めての2連敗を喫した。

戦績は五分となったが、「明日からも、前に出る自分の相撲を取っていくしかない」と前を向く。ただ、秋場所から秋巡業、今場所前の稽古と続いてほぼ休みがなく、腰回りを中心に疲労がにじみ出る。体調を管理して白星をつかみ、流れを変える良薬にできるか。

福岡の宿舎前に立つ御嶽海ののぼり

突き勝ち白星先行

5日目

御嶽海 3－2 ○ 押し出し ● **豊《とよ》響《ひびき》** 2－3

心技体の切り替え成功
連敗の流れ変える

前日、幕内で初めて連敗した御嶽海は、流れを変えるために手を尽くした。宿舎に戻ると、近くの日帰り入浴施設で疲れがたまった股関節を中心に体をケア。毎日食べていた習慣を「忘れていた」というバナナも口に入れた。「動きが悪いのは頭で先に考えてしまっているから」と、翌日の対戦相手は当日の朝になるまで確認しないことに決めた。

迎えた豊響との一番で、御嶽海は「自分の相撲が取れた」と快勝した。立ち合いから豊響の突っ張りを浴びて上体がのけぞるが、疲労が回復して低く安定した腰が重心の後退を許さない。下からの突き押しで反撃に転じ、前進。横にずれてはたこうとする豊響を良く見て、距離を離さないよう休まず押し出した。

幕内上位の常連だった30歳豊響に対し、御嶽海は共に十両だった9月の秋場所で初対戦して惜敗。突き押しで攻め込みながら、あと一歩が出ずにはたき込まれた。「先場所は途中で（豊響に）引かれたので、今日は注意した」と悔しさを生かした幕内3勝目だった。

新入幕の九州場所は、序盤戦の5日間が終わった。「幕内は相手の圧力が違うし、口では言い表せない緊張感がある」と話す。相手のレベルが上がり、心技体の一つでもおろそかになれば、勝ち星がつかめないという実感があるからだ。

この日の取組は、勝負審判に師匠の出羽海親方が入り、その験の良さでの連勝は14に伸びた。師匠の弟で、日ごろの稽古を共に指導する部屋付きの中立親方（元小結小城錦）もちょうどテレビ解説者を務めていた時間帯で、「2人が心強いお守りでした」と御嶽海。13日から、中盤戦に臨む。

手作りした「御嶽海」の横断幕を掲げ、取組を観戦する福岡市の山口さん。「上位と対戦する番付に早く上がってくるよう期待しています」

豊響（西前頭13枚目、山口県出身、境川部屋）185センチ、183キロの30歳。2005年初場所で初土俵。07年初場所で新十両、名古屋場所で新入幕。最高位は前頭2枚目。約5年ぶりに十両に転落した15年秋場所は10勝5敗の成績で幕内に復帰。得意は突き、押し。対御嶽海戦は1勝1敗（15秋○はたき込み、15九州●押し出し）。

組んで粘って

玉鷲（東前頭９枚目、モンゴル出身、片男波部屋）
189 センチ、167 キロの 30 歳。2004 年初場所で初土俵。08 年初場所で新十両、秋場所で新入幕。15 年春場所の小結が最高位。東前頭５枚目で臨んだ同秋場所は４勝 11 敗と負け越した。得意は押し。対御嶽海戦は１戦１敗（15 九州●はたき込み）。

６日目
御嶽海 ４－２ ○はたき込み● 玉《たま》鷲《わし》 ３－３

四つ相撲で逆転「冷静に判断できた」

御嶽海は幕内に入って四つ相撲の展開で初めて勝った。「圧力が強すぎた」という玉鷲に立ち合いでやや当たり負け、開き気味になった肘を差されて左四つに組んだ。だが、「体の前傾を保てた」とここから粘った。

左に肩透かしに打って出て体を離すと、玉鷲の突っ張りを浴びて体が跳ね上がったが、土俵際で今度は右へ動き、はたき込みで逆転勝ち。「冷静に判断できた。相手が見えていて、最後はとっさでした」と振り返った。

新入幕の今場所は武器の突き押しで２連勝発進したが、３、４日目に左四つになって２連敗。「今日はまわしを取られなかったので良かった。動きの流れで勝てた」。木曽での中学高校時代には後方宙返りをこなし、50メートル走では７秒０を記録。非凡な相撲勘と判断力に加え、高い身体能力を大相撲の土俵で生かした。

この日から母校・東洋大相撲部の浜野文雄監督（66）と監督の後援者の会「金沢村田友の会」から贈られた、新たな化粧まわしを着用し始めた。部屋の後援組織「出羽海会」から贈られた

本を着け始めた初日に続き、感謝の思いを白星で示した。「うれしいし、立派な化粧まわしに恥じないようにできた」と晴れ晴れとした表情で話した。

４勝２敗で白星が再び二つ先行。ただ、「まだこれから。立ち合いで押される。（強い）相手に合わせて（体が）硬くなる。（立ち合いを）もっと下からやりたい」と気を引き締める。７日目の取組は大型力士の臥牙丸が相手。欧州出身力士との初めての対戦だ。

東洋大相撲部の浜野監督と監督の後援者の会から贈られた、新しい化粧まわしで幕内土俵入りする御嶽海

7日目

御嶽海 4−3 ● きめ倒し ○ **臥牙丸《ががまる》** 5−2

臥牙丸（東前頭11枚目、ジョージア出身、木瀬部屋）186センチ、199キロの28歳。2005年九州場所で初土俵、09年九州場所で新十両、10年名古屋場所で新入幕。12年春場所で新三役となり、自身最高位の小結。東前頭9枚目で臨んだ15年秋場所は、6勝9敗と負け越した。得意は押し。対御嶽海戦は1戦1勝（15九州○きめ倒し）。

圧力に屈す

体重差50キロ、攻めきれず

臥牙丸は御嶽海を身長で8センチ、体重で50キロ余も上回る。ジョージア出身で、勝ち星への貪欲さがにじみ出る大型力士だ。御嶽海は、前日の玉鷲らモンゴル出身の力士とは対戦経験があるが、欧州出身の力士とは初対戦。相手の出身国がどこであろうと「全く怖くない」と気後れせずに臨んだものの、取り口で体力差を逆転できなかった。

立ち合いから当たりが弱く、いなしにいっても臥牙丸は転がらない。誘われるようにもろ差しになり、腕をきめられて後退。残して寄り返したものの、腰高で攻めきれない。苦手な四つ相撲でも粘って館内を沸かせたが、最後はきめ倒された。

「体力負け。前に出ることを意識し過ぎてもろ差しになり、冷静に判断することができなかった。もろはずで横に動くとか切り替えないといけなかった」。臥牙丸には10月16日の秋巡業長野場所などで胸を出してもらい、体の重さと圧力の強さを知らないわけではなかっただけに、悔やんだ。

御嶽海は前夜、付け人3人を宿舎近くにある食べ放題の焼き肉店に連れて行った。「ここ（中盤戦）からまたよろしく」と労をねぎらった。支払いは全て自分持ち。元手は新入幕の今場所で獲得した3本の懸賞金の一部で、懸賞金を初めて使った。全員で5勝目に向けて士気を高めたが、及ばなかった。「あすは中日。また勝ち星を伸ばせるように、自分の相撲を取りたい」と気持ちを切り替えた。

8日目

御嶽海 4－4 ● 寄り倒し ○ 千代鳳《ちよおおとり》 6－2

中日終え4勝4敗　巻き返し誓う

　御嶽海は前日に続き、立ち合いに鋭さを欠いた。千代鳳よりも姿勢が高く、「うまくいっていない。手を伸ばすことができていない」と出足を止められた。右はずで起こしてからはたくが、千代鳳は落ちてくれない。差し手を嫌って動いたが、まわしを取られ、本場所の負けパターンの左四つの展開に。苦し紛れの右上手投げは決まらず、土俵下へ寄り倒された。

　千代鳳とは幕内に入って初顔合わせだが、共に十両だった7月の名古屋場所の千秋楽で対戦していた。既に優勝を決めていた御嶽海は、左上唇の負傷もあって寄り切りで敗れた。ことし23歳同士で、中卒後に入門した千代鳳に対し、「兄弟子なので、胸を借りるつもりでいった。胸を合わせたらだめなのは、前に対戦した時に分かっていた」が、実践できなかった。

　中日を終え、星は4勝4敗の五分。「自分の相撲が取れる日と、そうではない日がはっきりしている」。敗因の立ち合いの鈍さは「自分（の体や動き）が硬い」ことが原因だ。秋巡業から場所前の稽古、本場所と休みなく動いてきたため、股関節を中心に体が硬く、関節に痛みが出ている。

　御嶽海はこの日、宿舎で朝稽古を終えると、東京都内で接骨院を営む柔道整復師の坂梨辰幸さん（41）からマッサージを2時間ほど受けた。幕内では小柄な御嶽海は筋肉のしなやかさを武器にする半面、もみ返しの症状が出やすい。東洋大時代からみてもらっている坂梨さんの腕と相性の良さを大切にしている。

　坂梨さんからマッサージを受けるのは約1カ月ぶり。日帰りで駆けつけた坂梨さんに結果で応えられなかったが、御嶽海は「体は（一晩寝て）明日から良くなる」と巻き返しを誓った。

立ち合い鈍く

千代鳳（西前頭15枚目、鹿児島県出身、九重部屋）
178センチ、180キロの23歳。2008年夏場所で初土俵、12年春場所で新十両、13年夏場所で新入幕。14年夏場所で新三役となり、自身最高位の小結。西前頭12枚目だった15年秋場所は6勝9敗と負け越した。得意は突き押し。対御嶽海戦は2戦2勝（15名古屋○寄り切り、15九州○寄り倒し）。

9日目

御嶽海 5-4 ○ 押し出し ● 北太樹《きたたいき》 4-5

逃がさず一気

北太樹（東前頭15枚目、東京都出身、北の湖部屋）
184センチ、144キロの33歳。1998年春場所で初土俵、07年名古屋場所で新十両、08年秋場所で新入幕。最高位は前頭2枚目。東前頭14枚目だった15年秋場所は7勝8敗と負け越した。得意は左四つ寄り。対御嶽海戦は1戦1敗（15九州●押し出し）。

「切羽詰まった思い」再び白星先行

二つ勝って、二つ負ける。今場所の御嶽海は前日まで、その星並びを2度繰り返した。「もっと勝っていれば気持ちは楽だが、切羽詰まった思いに近い、味わったことがない感じがする」。幕内は戦いのレベルが上がり、息の抜けない日々が続く。9日目は、ここまでの星並びが3巡目に入ったかのように、幕内下位の北太樹に完勝した。

「自分の相撲が少し取れた」と御嶽海。負けパターンの左四つの展開を許すまいと、右脇を締めて頭から当たった。左が入り、「足が前に出て良かった」と引きに乗じて一気に前進。土俵際で左へ回ろうとした北太樹を逃がさず、押し出した。

「（左四つで）まわしをとられないためには、集中して、立ち合いから相手よりも速く攻めることが大事」。その意識が5勝目につながった。

「幕内は立ち合いのレベルが違うし、（押しても）体が皆、重い。自分のようなざんばら髪に負けたくないという気持ちを感じるし、今でも自分はやっていけるのかなと思っている」

ここまでの星並びを謙虚に受け止める。

「来場所以降も同じように簡単に勝てないことがあるかもしれない。全て勉強です」。重圧の中で考え、もがきながら、番付を上げる力を蓄える。

手作り横断幕で応援する福岡の女性ファンも

御嶽海苦杯　5勝5敗に

元小結にいなされ
「何もさせてくれなかった」

御嶽海にとって三役経験者との対戦は初めてではない。ただ、7月の名古屋場所で新三役の小結を務めた宝富士は、平幕に落ちてから最も日が浅い。近大出で同じ学生相撲出身の28歳に対し、御嶽海は「強いのは分かっていた」と胸を借りるつもりで臨んだが、思うように動けなかった。

「立ち合いはうまくいった」と宝富士よりも低く当たったが、踏み込みの力強さは影を潜め、「手が出ず、突き放させなかった」。右をおっつけて出ようとしたものの、腰が高く、左に動いた宝富士のいなしにバランスを崩すと、前につんのめるように土俵を割った。「（相手の）引きは頭に入っていなかった。何もさせてくれなかった」と話した。

戦績は5勝5敗。五分の星は、今場所3度目だ。「今までがコンスタントに勝ってきたから、五分は精神的に余裕がない」と明かす。秋巡業から蓄積した疲労も重なって自分のリズムで相撲が取れない取組があり、黒星が精神的な余裕をさらに失わせる。「そこをどう勝っていくか」。勝ち越しまでの3勝は簡単ではないが、22歳を成長させるに違いない。

10日目
御嶽海 5－5 ● 送り出し ○ **宝富士**《たからふじ》 7－3

宝富士（西前頭8枚目、青森県出身、伊勢ケ浜部屋）184センチ、165キロ。近大出の29歳。2009年初場所で初土俵、10年秋場所で新十両、11年名古屋場所で新入幕。15年名古屋場所で自身最高位の小結。西前頭4枚目だった同秋場所は4勝11敗と負け越した。得意は左四つ、寄り。対御嶽海戦は1戦1勝（15九州○送り出し）。

寄られて6敗

11日目
御嶽海 5−6 ● 寄り切り ○ 旭秀鵬《きょくしゅうほう》 7−4

黒星先行—師匠「思いっ切り当たれ」

御嶽海は今場所3度目の2連敗で5勝6敗。関取（十両以上）になって初めて黒星が先行した。「自分の相撲が取れれば、白星につながる。頑張っていきたい」と前向きな言葉を並べたが、表情に重苦しさがにじむ。

消極的な策が裏目に出た。当たってすぐに左でいなし、旭秀鵬を右はず、左おっつけで土俵際まで押し込む。だが、腰が高く、左上手を与えて攻め切れない。寄りの逆襲に棒立ちとなり、力尽きた。

「力の差を感じます。それだけ。相手が重かった」と振り返った。ただ、相手の重さ以前に、御嶽海自身の圧力が軽い。秋巡業から蓄積した疲労で思うように調子を整えられず、腰高で持ち前の圧力を出せずにいる。

師匠の出羽海親方は「幕内は立ち合いの圧力が違うし、相手にうまく差されて（苦手な四つ相撲の展開にされて）いる。自分の流れにならないから、思い切りの良さが影を潜めている」と指摘した。

18日は師匠の48歳の誕生日。御嶽海は宿舎に戻ると、ケーキを手渡した。白星はプレゼントできなかったが、出羽海親方から「そんな暗い顔をするな。大丈夫だ。思いっ切り相手に当たれ。そういう場所だろう」と励まされた。

新入幕場所は残り4日。ざんばら髪の挑戦は、まだ終わっていない。

御嶽海から贈られたバースデーケーキを手にする出羽海親方

旭秀鵬（西前頭7枚目、モンゴル出身、友綱部屋）
191センチ、153キロの27歳。2007年夏場所で初土俵、11年秋場所で新十両、12年初場所で新入幕。15年名古屋場所で自身最高位の前頭6枚目。同西10枚目だった15年秋場所は8勝7敗と勝ち越した。得意は右四つ、寄り。対御嶽海戦は1戦1勝（15九州○寄り切り）。

12日目

御嶽海 5−7 ●引き落とし○ 千代大龍《ちよたいりゅう》 7−5

7敗目…突き押し相撲は貫く

御嶽海は相手の策から脱し切れなかった。踏み込んで頭から当たったものの、千代大龍の左かち上げと右の突きで上体が起き、足もそろってしまう。千代大龍にすぐさま引かれると、踏ん張り切れず、ばったりと土俵に両手をついてしまった。

千代大龍の破壊力の高い立ち合いからの引き落としは「頭の中にあった」というが、調整の難航と重圧から踏み込みが浅く、腰高となって体がついていかず、「仕方ないですね」。3月に初土俵を踏んで以降、初めて3連敗を喫し、7敗目。初めての負け越しまで崖っぷちの星取りとなった。

前日は、師匠の出羽海親方や電話を通じて父親の春男さんから、目先の勝ち負けよりも自分の相撲を取ることを大切にするように背中を押された。

「今日は四つではなく、真っ正面から当たってくる相手。圧力が自分と全然違ったけれど、それを感じられたのは良かった」。四つを警戒した守りの取り口ではなく、突き押しを貫く自分の攻め手を表現しようと試みられたのは収穫だった。

この日の朝稽古は、兄弟子に普段よりも近くに立って胸を出してもらい、体を浮かせずにぶつかる動きを繰り返した。本来の相撲に立ち戻れるよう工夫している。残り3番は「立ち合いで変わらず、自分の突き押し相撲を貫きたい」。来場所につなげるためにも、良い流れをつくることに力を注ぐ。

千代大龍（東前頭13枚目、東京都出身、九重部屋）
181センチ、179キロ。日体大出の27歳。2011年5月の技量審査場所で幕下15枚目格付け出しデビュー。12年初場所で新十両、12年夏場所で新入幕。14年秋場所で新三役の小結となり、自身最高位。15年秋場所は東前頭11枚目で6勝9敗と負け越した。得意は突き、押し。対御嶽海戦は1戦1勝（15九州○引き落とし）。

初の3連敗

開き直って6勝目

13日目
御嶽海 6－7 ○ 寄り切り ● **阿夢露《あむうる》** 3－10

自分見失わず、連敗3で止める

御嶽海が4日ぶりに白星を挙げた。「立ち合いが良かった。手が伸びて2、3発突いて、中に入れた」。身長192センチの阿夢露を両喉輪で起こすと、腕を2本とも入れて体を寄せ、休まずに寄り切った。土俵下で次の取組に向かう人気力士の遠藤に水をつけ、さっそうと花道を引き揚げた。

前日に7敗目を喫し、あと1敗すれば、初めての負け越しが決まる状況に追い込まれた。師匠の出羽海親方は「（取り口を警戒した）相手優先の相撲ではなく、自分の相撲を開き直って取るように言った」と明かした。自身最長の連敗を3で止めた御嶽海は「星数は気にしていない。あと2日。白星を並べたい」と少し吹っ切れた表情だった。

6勝目を挙げ、対戦を熱望する遠藤（左）に水をつける御嶽海

出羽海親方は勝負審判として取組を土俵下から見守り、その験の良さで親方が審判を務めた取組の「連勝」は15に伸びた。御嶽海は「師匠の前だと気持ちが違う。やりやすい」と背中を押された様子。出羽海親方は「今日は立ち合いで突き放せて、流れが良かった」。

御嶽海が6勝目を挙げたことで来場所十両に転落する可能性は低くなり、「さらに気持ちを楽に、相手に当たればいい」と残り2日間の取り口に期待した。

御嶽海は「今場所は勉強の場所。自分の相撲を磨き、通用させることが勉強になる」。苦境に立っても自分を見失っていない。

阿夢露（東前頭5枚目、ロシア出身、阿武松部屋）
192センチ、136キロの32歳。2002年夏場所で初土俵。12年初場所で新十両、14年九州場所で新入幕。東前頭7枚目で臨んだ15年秋場所は8勝7敗と勝ち越し。今場所は自己最高位で臨んだものの、負け越しが決まっている。得意は左四つ、寄り。対御嶽海戦は1戦1敗（15九州●寄り切り）。

14日目

御嶽海 7－7 ○突き出し● 佐《さ》田《だ》の海《うみ》 4－10

突いて快勝、千秋楽勝ち越し狙う

踏み込んで、下がらない。御嶽海は、御嶽海らしい、前に出る相撲が光った。腰を落として鋭く当たると、膝を曲げ、生まれた威力十分の突き押しを佐田の海の喉元付近に的確に見舞って前進。左に回り込もうとした相手にも足を送って攻め続け、豪快に突き出した。

2日前に自身初の3連敗を喫して5勝7敗となり、1敗すれば初めて負け越しとなる苦境に追い込まれたが、前日から吹っ切れたように2連勝。星を五分に戻し、「自分の相撲が取れた。体がここ2日間動いている感じがある。突き押しの角度も良かった」と話した。

突き押しは、低い位置から相手に圧力をかけるのが持ち味。子どものころ、父親の春男さん（66）から「立ち合いは飛行機が飛び立つように腰を低くし、上体だけじゃ前のめりに落ちてしまうから、手も足も使って前に出る」と助言されて培った技術が戻ってきた。

幕下付け出しの初土俵から所要4場所で新入幕を果たした御嶽海は、昭和以降で史上2番目のスピード出世。最も早い所要3場所で幕内に上がった人気力士の遠藤は、新入幕の2013年秋場所で9勝を挙げて勝ち越している。22日に千秋楽を迎える御嶽海は「勝ち越しは当初からの目標。自分の相撲を取って勝つのみ」と強調した。

連勝で7勝7敗

「御嶽海後援会」の小島洋一郎会長（68）が会場の福岡国際センターを訪れ、取組後の御嶽海と初めて対面。取組を終えた御嶽海関と握手し、激励した

佐田の海（西前頭5枚目、熊本県出身、境川部屋）
183センチ、140キロの28歳。2003年春場所で初土俵。10年名古屋場所で新十両、14年夏場所で新入幕。15年名古屋場所で自己最高位の前頭筆頭。同秋場所は東前頭3枚目で6勝9敗と負け越した。得意は右四つ、寄り。父親は元小結佐田の海。対御嶽海戦は1勝1敗（15九州●突き出し）。

3連勝で勝ち越し

千秋楽
御嶽海 8－7 ○ 押し出し ● 誉富士《ほまれふじ》 3－12

プロの調整、どう身に付けるか課題

御嶽海は8勝7敗。新入幕の場所で勝ち越したが、初土俵からの5場所でこれほど一つ勝つのに苦労したのは初めてだ。理由は土俵のレベルが上がったことだけではない。巡業から場所前の稽古まで体を動かし続けた初めての経験によって、調整に手こずり、調子に波があった。プロとアマは調整方法が違い「全てが勉強」の日々が続いた。

東洋大時代、学生横綱とアマ横綱となった御嶽海。学生相撲は大会直前には稽古量を落とし、休みも入れ、一発勝負に向けた調整に入る。だが大相撲は違う。例えば出羽海部屋では、本場所が近づくほど稽古は長くなり、本場所に入っても、親方の指導方針や力士の意思に沿い、勝ち残り方式の申し合い稽古やぶつかり稽古も行う。

角界の親方衆や兄弟子は「大相撲の稽古は目前の勝ち星だけでなく、先を見据えてやる」という姿勢が主流。御嶽海は今場所初日以降も関節に痛みがあり、可動域が狭くなって調子が上がらず、四股やすり足だけで調整した日もあった。師匠の出羽海親方や中立親方(元小結小城錦)に稽古量を上げるよう注文されたこともあった。

突き押しの圧力が高い御嶽海は、日頃から手足の指先まで細かく動かせるように感覚を磨き、決して大柄でない体を目いっぱい使って動く。ただ、体を使って動く分だけ消耗も激しく、息が上がって周囲からスタミナ不足を指摘される。体に生じる痛みにも敏感だ。学生相撲の経験や自分の特徴から、御嶽海は本場所に向けた調整を慎重に進める傾向がある。

学生相撲出身者で横綱まで上り詰めたのは、輪島だけ。幕下付け出しの初土俵から所要4場所で入幕した御嶽海を上回り、昭和以降最速の所要3場所で幕内に昇進した遠藤も、ここまで前頭筆頭が最高位。伸び悩みや故障で失速するホープも少なくない。自分の経験を生かしつつも大相撲流の調整を求められる中でいかに結果

誉富士(西前頭6枚目、青森県出身、伊勢ケ浜部屋)
180センチ、164キロ。近大出の30歳。2008年初場所で初土俵、12年初場所で新十両、13年夏場所で新入幕。15年秋場所は西前頭11枚目で9勝6敗と勝ち越し、今場所は自己最高位。得意は突き、押し。対御嶽海戦は1戦1敗(15九州●押し出し)。

を出すか。御嶽海は「難しいこと」と苦悩する。

巡業では連日、長距離のバス移動があり、出稽古も含め御嶽海の力量を知らない別の部屋の関取から厳しく稽古をつけられる「かわいがり」を受けることもある。出羽海親方は「プロの生活には慣れるしかない。早く寝るとか、工夫して休養を取り、耐えられる心と体のスタミナをつけるしかない」と指摘する。

御嶽海が、御嶽海らしさを失わず、課題をどう乗り越え、出世するか注目したい。

福岡市で22日夜開かれた九州出羽海部屋千秋楽祝賀会で、一本締めをする御嶽海（壇上右から2人目）や出羽海親方（同左から3人目）ら。九州出羽海部屋後援会の貫正義会長（九州電力会長）はあいさつで、部屋の勝ち越し力士が増えたことと紹介し、「御嶽海さんの登場が刺激になっている」とたたえた

本来の突き押し 光り完勝

御嶽海は持ち前の突き押し相撲が光り、新入幕の場所を白星で終えた。2度目で立つと、頭で当たって突き起こし、じわじわと前に出た。誉富士の右喉輪をこらえ、一度は右が入ったが、苦手な四つの展開を避けるため、両はずに切り替えた。腕が良く伸び、必死に残す相手を、全身をばねのように使って押し出した。

勝ち越しが懸かった一番。負ければ、角界入りして初めての負け越しが決まってしまう。「緊張感は昨日までと一緒。目の前の勝負に勝って、白星をつかむことを目指した。自分の立ち合いができたし、良い終わり方だった」。負けが込んだ時期は相手の差し手を警戒し脇を締めて当たっていたが、この日は腕を伸ばして突き放す本来の姿が戻った。

それは終盤戦の朝稽古で、部屋付きの中立親方（元小結小城錦）から指導された。脇を締めての当たりは習得し切れていないし、相手をしっかり突き放せれば、差されることもない。「悪い流れを変えたのは、自分の意識。（相手を警戒するよりも自分が）しっかり前に出ようとしたことが大きかった」と話した。

出羽海親方

「千秋楽で勝ち越せて良かった。勝った相撲は内容も良かった。途中で苦しい星になったけれど、よく3番続けて勝った。今後も、最後の3番と同じように立ち合いで突き放すことをやっていけばいい」

御嶽海

「ようやく15日間が終わった。ぎりぎりで苦しかったけれど、勝ち越せてほっとしている。自分の相撲で勝ち越すことができ、自信になった。新入幕の場所で毎日が勉強だった。幕内はパワーもスピードもレベルが高い。来場所も勝ち越しを目標に自分の相撲を取りたい」

勝ち越し…喜び最高潮 会場で上松で、ファンら歓声

来場所がさらに楽しみ—。大相撲九州場所千秋楽の22日、木曽郡上松町出身の御嶽海が新入幕の場所で勝ち越しを決めた。会場の福岡国際センター（福岡市）や上松町にファンらの喜びの声が響いた。

妻、娘と3人で同センターで応援した長野市の県職員平沢哲《さとる》さん（41）は「よかった。本来の押し相撲で危なげなく勝ってこれ以上のことはない」。本場所での応援は夏（5月）、名古屋（7月）に続く3回目といい、「来場所はさらに番付が上がり、楽しみ」と話した。

上松町公民館では町のスポーツクラブ「木曽ひのきっ子ゆうゆうクラブ」が企画したパブリックビューイングに約60人が集まり、抱き合って喜ぶ人もいた。

御嶽海の母親、大道マルガリータさん（45）は取組が終わると、集まった人に「皆さんのおかげです。感謝しています」。木曽少年相撲クラブで御嶽海の後輩に当たる同町上松中学校3年の古瀬匠君（15）は「感動した。負け越したら、町の人が元気を無くすのではないかと不安だったが、勝ってくれてすごくうれしい」と笑顔で話した。

自宅のテレビで観戦した御嶽海の父親、春男さん（66）は「5勝もすれば十分だと思っていたが、皆さんの応援が九州に届いたのだと思う」。年明けの初場所に向け、「さらに強い相手とやることになる。しっかり稽古してほしい」とエールを送った。

福岡市では22日夜、九州出羽海部屋千秋楽祝賀会が開かれた。九州出羽海部屋後援会の貫《ぬき》正義《まさよし》会長（九州電力会長）はあいさつで、部屋の勝ち越し力士が今場所は昨年の九州場所より4人増えて10人になったと紹介し、「御嶽海さんの登場が刺激になっている」とたたえた。

北の湖理事長死去 御嶽海ら、思い出口々に

20日に62歳で急逝した日本相撲協会の北の湖理事長＝元横綱、本名小畑敏満、北海道出身＝の遺体は21日、安置されていた福岡市内の葬儀所から東京へ向けて搬送された。江東区の北の湖部屋には22日朝に到着するとみられる。

霊きゅう車は途中、大相撲九州場所が開催されている福岡国際センター（福岡市博多区）の正面玄関に横付けされ、出迎えた協会幹部や大勢のファンが優勝24度の大横綱との別れを惜しんだ。

御嶽海が所属する出羽海部屋では21日朝、福岡県新宮町にある宿舎での朝稽古を一時中断し、出羽海親方と御嶽海ら力士が黙とうした。

北の湖部屋は出羽海一門。出羽海親方は20日夜、訃報を受けて福岡市内の病院に駆けつけた。取材に対して「理事長は体調を崩している中でも場所に来ていたし、自分で必ず先頭に立ってやってきた。責任感でしょうね。偉大さを感じます」としのんだ。

御嶽海は、10月1日の相撲教習所卒業式で北の湖理事長のあいさつを聞いたといい、21日の取組後の取材に「悲しいこと。自分もあそこまでの人気を集められる力士になれたらいいなと思う」と話した。

力士の象徴「まげ」姿に

ざんばら髪に別れ告げ

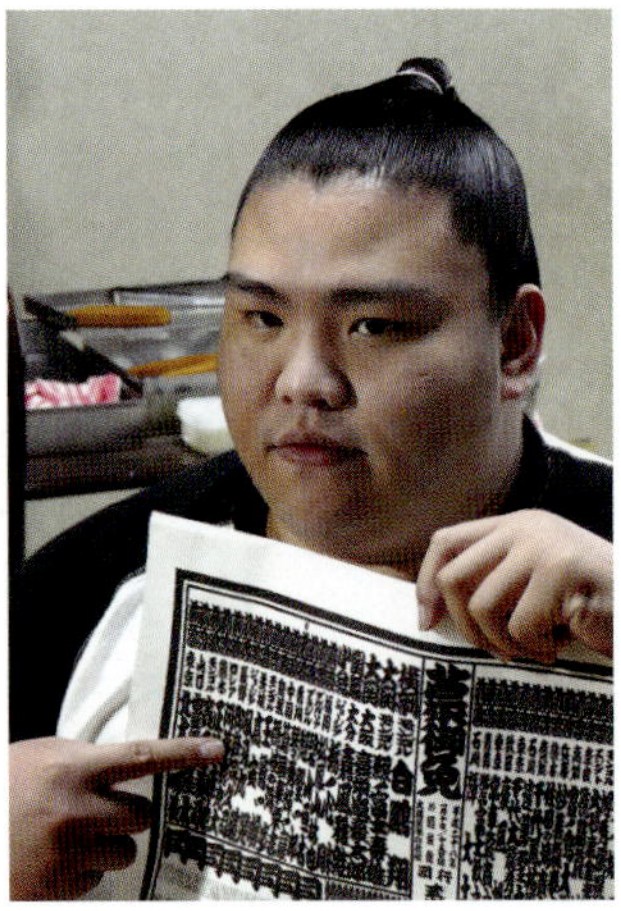

初場所新番付が発表され、御嶽海は西前頭 10 枚目に。「良い締め方で今年を終えられる」と初場所の番付表を手に表情を引き締める（12月24日）

まげを結った記念に兄弟子たちから額を指ではじかれる御嶽海（右）

初場所へ向け、まげ姿で稽古を再開。出羽疾風（右）を攻める。「背中や首がうっとうしくなく、稽古に集中できる」（12月25日）

粉だらけになりながら、軽快に餅をつく御嶽海（12月28日）

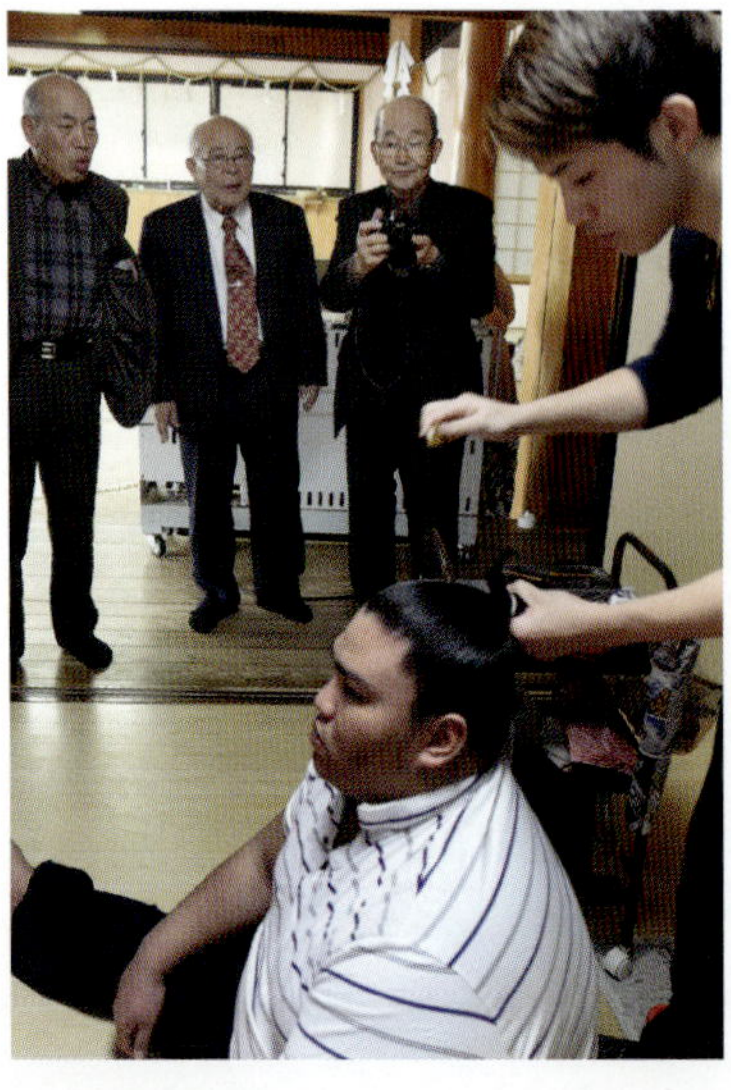

出羽海部屋を訪れた木祖村お六櫛組合の北川組合長（奥右）や御嶽海後援会役員らから、同村特産の「お六櫛」がまげ結い用に贈られた（12月25日）

12 月 25 日、23 歳の誕生日を迎えた御嶽海は、兄弟子らに祝福され、ケーキのろうそくを吹き消し、「22 歳の 1 年は日々全力でやり残したことはない。23 歳は精神面で強くなりたいです」

2015年の稽古納め。御嶽海は何度もぶつかる（12月31日）

初日前日、関係者らが見守る中、力士に胸を出す（中央）（1月9日）

木曽農協や県農協中央会など県内から初めて贈られた化粧まわしの感触を確かめる（1月6日）

出羽海一門の連合初稽古に初参加。申し合い稽古で相手に指名するよう、勝ち残り力士に声をかける（1月3日）

元幕内大鷲・伊藤平さんに聞く

流れつくる大事な場所

御嶽海がまげを結った姿を新聞で拝見した。はつらつとしているし、締まりがあって良い。自分は入門前から髪を伸ばしていたこともあり、まげを結ったのは初土俵から3場所目。お祝いでまげを結った力士の額を親方や兄弟子が指ではじく習慣は当時もあった。同じ一門の兄弟子ら多くの人にはじいてもらい、腫れた額を3日間くらい氷で冷やした思い出がある。お金がない新弟子の自分が、髪の油代としての祝儀をまげに挟んで頂けるのはうれしかった。

御嶽海は入門1年目の2015年、スピード出世をした一方で、故障や疲労を抱え、しっかり稽古を積めない日も多かった。本場所と巡業が続く角界の生活に早くなじまないと、休む癖がつく。横綱千代の富士が肩の脱臼癖を猛稽古で克服したのは有名な話だ。稽古に臨む姿勢は重要で、例えば、申し合い稽古で、勝ち残った力士に指名してもらおうと手を挙げて前に出ていくのは、出足の速さも鍛えられる。しつこいと思われるくらい行けば、相撲もしつこくなる。

9日目の18日に自分が世話した約40人の日帰り観戦バスツアーで、御嶽海を応援に行く。館内で目立つように、「御嶽海関　信州佐久応援団」といった具合に記した長さ7メートルくらいの横断幕も用意しようと思っている。初場所は1年の流れをつくる意味でも大事な場所。お客さんもたくさん入るし、気を引き締めて、目標をしっかり立てて臨んでくれたらと願う。

冷静に新年1勝

初日

御嶽海 1－0 ○ 押し出し ● 千代鳳《ちよおおとり》 0－1

差して上体起こし、突き押しで攻めきる

御嶽海は初土俵から6場所目で、初めてまげ姿で土俵に立った。「新しい気持ちで臨めました」。2016年最初の相撲でもあり、「いつも通り自分の相撲を取ろうと思っていた」と集中した。正月明けの華やかな雰囲気に包まれた館内で、幕内2場所目に挑む23歳の取り口は冷静だった。

自身と同じ突き押しが武器の千代鳳に対し、立ち合いは突き放さず、差して当たった。「その方が上体が起きるイメージがあったから」。千代鳳には昨年7月の名古屋場所、同11月の九州場所で2連敗したが、その中で攻略法を体得していた。

上体を起こしてから突き放すと、千代鳳は横に回って反転攻勢を図った。だが、御嶽海はしっかりと足を送って追い、喉輪を交えた突き押しで攻勢を続けた。最後は胸からぶつかって押し出した。

「自分の相撲をしっかり取れた。今年は幕内に定着できるように地力をつけ、今後に良い弾みを付けたい」。白星スタートを切り、ホープの表情には自信がにじんだ。

今場所で外国出身力士が優勝すれば、日本出身力士が優勝から遠ざかってちょうど10年となる。御嶽海は「実力が伴っていないから、自分が優勝争いしたいとか、そういう思いはない。まずは一番一番にこだわりたい」との姿勢を貫く。

初日は幕内後半から天覧相撲となったが、御嶽海の取組は幕内前半だった。同い年の千代鳳や2日目に当たる2歳上の遠藤ら同世代のライバルと切磋琢磨《せっさたくま》し、さらに注目を浴びる土俵に立てるよう、2016年は揺るぎない実力をつけていく。

千代鳳（東前頭10枚目、鹿児島県出身、九重部屋）
178センチ、175キロの23歳。2008年夏場所で初土俵、12年春場所で新十両、13年夏場所で新入幕。14年夏場所で新三役となり、自身最高位の小結。先場所は西前頭15枚目で10勝5敗。得意は突き、押し。対御嶽海戦は2勝1敗（15名古屋○寄り切り、15九州○寄り倒し、16初●押し出し）。

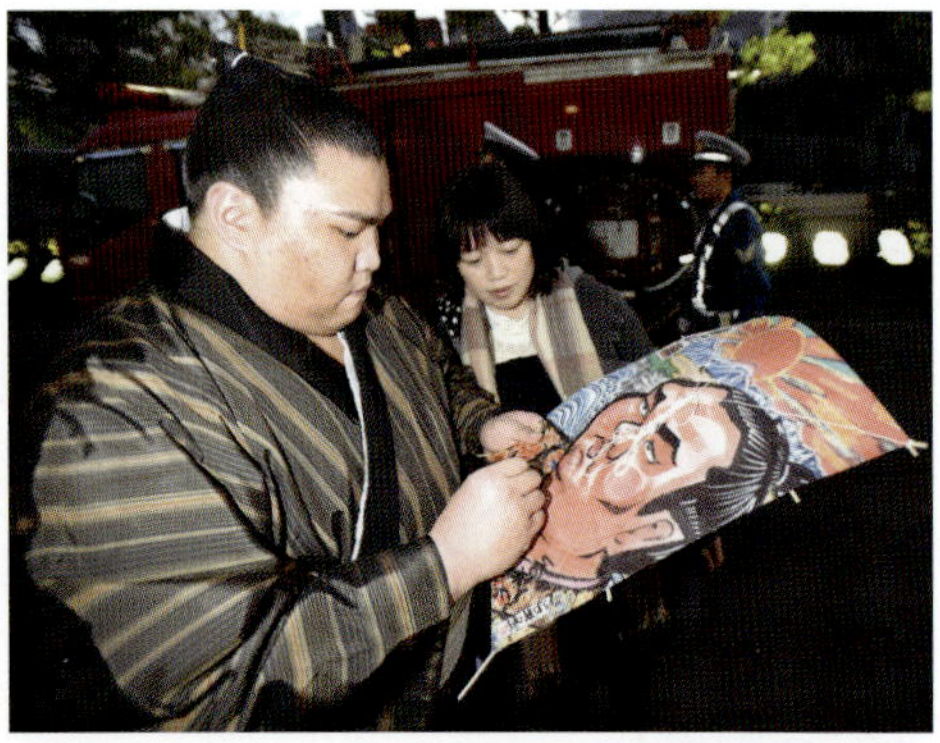

発売された自分の似顔絵のたこにサインする御嶽海。松本市出身で東京都北区の芦埜香奈さん（33）は取組後にサインをもらい、「勝ったその日にサインがもらえて縁起が倍増です」

会心の押しで連勝の御嶽海

2日目

御嶽海 2－0 ○ 押し倒し ● 遠《えん》藤《どう》 0－2

追い続けた遠藤、狙い通りに破る

　注目の初対戦は、御嶽海が「自分の相撲が取れた」と振り返る会心の内容で圧勝した。遠藤の張り手と左差しに耐えてしっかり踏み込むと、右喉輪と左押し上げを繰り出して上体をのけ反らし、そのまま豪快に遠藤の体を宙に浮かせて押し倒した。わずか数秒のスピード相撲に、館内からどよめきが起こった。

　御嶽海は同じ北信越地区の石川県で育った2学年上の遠藤を小学生のころから知っていたが、高校時代まで対戦はなかった。東洋大に入学してから日大に在籍した遠藤と5度戦い、戦績は2勝3敗。この日は遠藤が優勝してアマチュア横綱のタイトルを取った2012年末の全日本選手権以来の対戦だった。

　御嶽海が角界での初対戦を前に話した狙いは「大学時代は長い相撲になると自分が負け、勝つ時は早く決着がついた。遠藤関は左四つが得意。組み止められないように走り抜けたい」。その通りの取り口を見せ、「前に出る強さという成長した部分を遠藤関に見せられた」とうなずいた。

　御嶽海は遠藤の活躍が「角界入りするきっかけになった」と明かす。遠藤は13年の幕下10枚目格付け出しデビューから昭和以降最速の3場所で新入幕を果たし、三賞の獲得経験もある。御嶽海は「肌を合わせていた人がスピード出世し、夢を与えてくれた。自分もあそこまでいけるかもしれないと思った」という。

　東洋大を卒業する際には、相撲部がある和歌山県庁にいったん就職が決まったが、角界入りを諦めきれなかった。遠藤と同じようにアマタイトルを取って付け出しデビューすることを条件に、父・春男さん（67）に熱意を認めてもらった経緯がある。

　遠藤がこの日、万全でない膝や足首に珍しくテーピングをして土俵に立ったように、互いは意識し合う存在なのだろう。今後も対戦を重ね、角界を背負う立場になる可能性がある2人。初対戦はドラマの第1幕に過ぎない。

「満員御礼」の館内で御嶽海（土俵左手前）と遠藤の取組前に掲げられた懸賞旗。2人が土俵に上がると、一斉に大きな拍手が起こった

遠藤（東前頭11枚目、石川県出身、追手風部屋）183センチ、147キロ。2013年春場所で初土俵、同名古屋場所で新十両優勝。同秋場所で昭和以降最速の所要3場所で新入幕。最高位は前頭筆頭。15年3月に負った左膝の大けがもあって苦しい土俵が続く。先場所は西前頭4枚目で4勝11敗と負け越した。得意は突っ張り、左四つ、寄り。学生時代は御嶽海の2学年上で5度対戦し3勝2敗。角界では1戦1敗（16初●押し倒し）。

充実 押して3連勝

遠藤戦で弾み、父の誕生日飾る

初日から3連勝を決めた御嶽海は、支度部屋に戻ると言い切った。「手も足も良く前に出ているし、気持ちも充実している」。ふわっとした立ち合いの佐田の海に対し、低い重心から踏み込むと、右はずで押し上げ、左ものぞかせて前進。相手の引きにも足が良く出て逃さず、一方的に押し出す会心の内容だった。

弾みをつけたのは、前日の遠藤戦だ。懸賞15本がついた学生相撲出身のホープ同士の初対戦を、豪快に押し倒して制した。興奮は夜になっても冷めず、「なかなか寝付けなかった」。携帯電話に届いた祝福メッセージは約50件。スポーツ各紙の大相撲欄も、御嶽海の快勝を一番大きなニュースとして伝えた。

佐田の海（東前頭9枚目、熊本県出身、境川部屋）

183センチ、141キロの28歳。2003年春場所で初土俵、10年名古屋場所で新十両、14年夏場所で新入幕。15年名古屋場所で自己最高位の前頭筆頭。同九州場所は西前頭5枚目で5勝10敗と負け越した。得意は右四つ、寄り。父親は元小結佐田の海。対御嶽海戦は2戦2敗（15九州●突き出し、16初●押し出し）。

幕内2場所目ということもあり、「良い意味での気持ちの余裕や、いろいろな人とやってみたいというワクワク感が出てきた」という。この日の朝稽古は、場所中には珍しくダンベルも使って精力的に体を動かした。8勝止まりの先場所は巡業の疲労を引きずって動きのリズムが悪かったものの、今は調子の良さと進化を感じさせる。

この日は、地元木曽から駆けつけた「御嶽海後援会」の会員ら38人から大声援を受けた。「聞こえていた。力になりました」と感謝。相撲を始めた小学生時代から自主練習に付き合い、節目ごとに相談に乗ってくれた父・春男さんの67歳の誕生日でもあり、「いいプレゼントになりました」。良い流れをつくり、3連勝同士の対決となる4日目に臨む。

立ち合い前に「御嶽海コール」で会場を盛り上げる御嶽海後援会のバスツアー参加者たち

3日目

御嶽海 3－0 ○押し出し● **佐田《さだ》の海《うみ》** 0－3

手作りのプラカードを手に「信濃の国」を歌って御嶽海関を応援する人たち

御嶽海　4連勝ならず

4日目
御嶽海 3−1 ● 寄り切り ○ 高《たか》安《やす》 4−0

立ち合いの読み外れ 「ここから」

御嶽海は高安との2度目の対戦を「器用さに惑わされないようにしたい」と警戒した。立ち合いは武器の突き押しを封じる高安の下からのかち上げを予想。肘を開き気味にして上から両腕で封じにいったが、高安が選んだのは素直な差し手。開いた肘に入れられ、高安が得意とする左四つを許した。

それでも抜群の圧力で土俵際まで寄ったものの、「（差し手の威力をそぐ）おっつけを意識し過ぎた。右手を伸ばせば良かった」。苦し紛れに引いてしまって万事休す。母親がフィリピン出身同士で「同じハーフの大先輩」と意識する相手。横に回り最後まで反転攻勢を狙ったが、高い身体能力に抗しきれず、続く寄りに土俵を割った。

土俵から落ちた先にいたのは、交代制の勝負審判に入っていた師匠の出羽海親方。「ぶつかりそうになり、『すいません』と言いました」。昨年3月の春場所から、師匠が勝負審判に入った取組で11月の九州場所13日目まで続いていた「連勝」はついに15で止まった。

「師匠の前で100連勝まででもできればいいけれど、勝負事なので仕方ない。また、師匠の前で勝てればいい」。幕内で初めてだった初日からの3連勝を4に伸ばすことはできなかったが、新入幕の先場所は8勝7敗と苦しんだだけに「連勝していたのが、奇跡のようなもの。今場所は前に出られている。ここからです」と切り替えた。

高安（西前頭8枚目、茨城県出身、田子ノ浦部屋）
180センチ、171キロの25歳。2005年春場所で初土俵、10年九州場所で新十両、11年名古屋場所で新入幕、13年秋場所で初三役。最高位は小結。16年九州場所は西前頭12枚目で9勝6敗と勝ち越した。得意は突き、押し。対御嶽海戦は1勝1敗（15九州●押し出し、16初○寄り切り）

宿敵に屈し連敗

5日目
御嶽海 3－2 ● 寄り切り ○ 正代《しょうだい》 4－1

もろ差し許し、圧力生かせず

御嶽海は報道陣に対し、負けても支度部屋で潔く語ることが多いが、正代戦だけは違う。三たび勝てなかったこの日、髪を直してもらう間ずっと目を閉じ、ぶ然とした表情で言葉少なに悔しさをにじませた。国技館を出ると、木曽から来た「御嶽海後援会」の一行を含めたファンが求めるサインを角界入りして初めて断り、帰路についた。

御嶽海にとって、正代はライバルの一番手だ。東洋大1年の時、東京農大2年だった正代が学生横綱に輝き、御嶽海も4年生で同じタイトルを獲得。幕下10枚目格付け出しデビューした昨年3月の春場所は、その1年前に前相撲で初土俵を踏んだ正代も序ノ口から幕下上位へと出世。その後、正代が御嶽海を追うように1場所遅れて十両昇進、新入幕を果たしてきた。

今度こそ勝つという思いが空回りしたのか、「自分の立ち合いができていない」。正代よりも立つタイミングが早く、体が浮いた。甘くなった両脇に両腕をねじ込まれ、もろ差しを許して持ち前の圧力を発揮できなかった。胸を合わせてなすすべなく土俵を割り、「力不足。自分も調子は良いが、だめだった」と振り返った。

御嶽海は、懐深い四つ相撲の正代と「学生時代の戦績は五分五分だった」と説明する。角界に入り2度目に対戦した昨年9月の秋場所でライバル攻略の糸口を見いだしたようだったが、この日は発揮できなかった。前日の高安戦から2連敗。どちらの悔しさが大きいか問われ、「今日です」と吐き捨てるように言った。

御嶽海の取組に懸賞を出している下伊那郡阿智村の旅館経営、上原政起さん（右）が、出羽海部屋を訪れ、激励。懸賞への礼を述べる御嶽海と笑顔で話す

正代（西前頭12枚目、熊本県出身、時津風部屋）
183センチ、159キロ。東京農大2年で学生横綱。付け出し資格は失効し、卒業した2014年春場所の前相撲で初土俵。15年秋場所で新十両となり、西十両5枚目で臨んだ九州場所で十両優勝（13勝2敗）。今場所で新入幕。得意は右四つ、寄り。対御嶽海戦は3戦3勝（15夏○下手投げ、15秋○寄り倒し、16初○寄り切り）。

臥牙丸（西前頭９枚目、ジョージア出身、木瀬部屋）

187 センチ、199 キロの 28 歳。2005 年九州場所で初土俵、09 年九州場所で新十両、10 年名古屋場所で新入幕。12 年春場所で新三役となり、自身最高位の小結。東前頭 11 枚目で臨んだ 15 年九州場所は、８勝７敗と勝ち越した。得意は押し。対御嶽海戦は２戦２勝（15 九州○きめ倒し、16 初○押し倒し）。

3連敗星五分

６日目
御嶽海 3−3 ● 押し倒し ○ 臥牙丸《ががまる》 3−3

大型力士の圧力に屈す

御嶽海は臥牙丸の圧力に屈した。臥牙丸は登録体重が199キロだが、実際は200キロ超あるともいわれる大型力士。50キロ以上軽い御嶽海は「圧力をめちゃくちゃ感じた。立ち合いでかち上げを食らってぐらっときた。思い切りぶつかってあの相撲。仕方ない」と淡々と振り返った。

立ち合いで突いて出たものの、喉輪を交えた臥牙丸の重い突き、押しをまともに食らった。上体が起きて防戦一方。左に回り込んでしのごうとしたが、「いっぱいいっぱいだった」。相手の突進を止められず、最後は覆いかぶさられるように押し倒された。

臥牙丸との初対戦は昨年11月の九州場所。この時はもろ差しを許し、きめ倒しで敗れた。3戦目で三たび勝てなかった前日の正代に続き、臥牙丸にも2戦2敗。「攻略法は分かりません。今日も今できることを思い切りやるだけと思っていた」と話した。

初日から3連勝の後、3連敗。2日目に人気の遠藤に快勝するなど内容の良い相撲も体への負担となった。不安を抱える股関節周りの状態が良くなく、朝稽古や取組前の準備運動の強度が上がらない。「星が五分に戻っても、変わらずに自分の相撲を取るだけ」。何とか連敗を止め、流れを変えたい。

木曽からの応援団一行が緊張した面持ちで見学する前で、朝稽古をする御嶽海

7日目

御嶽海 3－4 ●寄り切り○ 千代大龍《ちよたいりゅう》 5－2

元気なく 4連敗

負けパターン、体調も上向かず

御嶽海は元気がない。突き押しを得意とする力士同士の対戦で、千代大龍の右張り手を受け、負けパターンの左四つ。上手を許した御嶽海は右を何とかこじ入れようとするが、果たせない。長い相撲に館内は沸いたものの、千代大龍の強烈な左おっつけと出足に後退。寄りに土俵を割った。

「自分の相撲を取ろうと思っていたが、胸が合ってしまっては無理」。最初に3連敗を経験した昨年11月の九州場所と違い、今場所は悪い流れを止められず、角界入りして初の4連敗。「大丈夫。これからです」と前向きな言葉を並べたが、左股関節を中心に体の状態が上向かず、顔が暗い。秋場所と秋巡業に参加した疲労の影響で、昨年11月の九州場所は8勝7敗でぎりぎり勝ち越した。冬巡業を終盤に離脱して調整し臨んだ今場所も、初日から3連勝を飾った勢いが影を潜め、勝ち越しが目下の目標だ。親方衆ら角界の先輩は「慣れ」を求めるが、対応には時間がかかりそうだ。

今場所は2日目に対戦した人気幕内力士の遠藤（石川県出身）が、この日から右足関節捻挫で休場。十両以上の休場者が再出場の幕内千代鳳を含めて7人となった。本場所や巡業が歴史的な盛況にあるが、万全な状態で土俵に立てる力士が多いとは言えない中、入門から1年弱の御嶽海も苦しんでいる。

長野県内からの懸賞旗

千代大龍（東前頭12枚目、東京都出身、九重部屋）

182センチ、179キロ。日体大出の27歳。2011年5月の技量審査場所で幕下15枚目格付け出しデビュー。12年初場所で新十両、同夏場所で新入幕。14年秋場所で新三役の小結となり、自身最高位。15年九州場所は東前頭13枚目で8勝7敗と勝ち越した。得意は突き、押し。対御嶽海戦は2戦2勝（15九州○引き落とし、16初○寄り切り）。

8日目

御嶽海 3－5

■不戦敗□

徳勝龍《とくしょうりゅう》 2－6

徳勝龍（東前頭6枚目、奈良県出身、木瀬部屋）180センチ、180キロ。近大出の29歳。2009年初場所で初土俵、11年九州場所で新十両。13年名古屋場所で新入幕。最高位は前頭4枚目。15年九州場所は東前頭8枚目で8勝7敗と勝ち越した。得意は突き、押し。対御嶽海戦は1戦1勝（16初□不戦勝）。

インフルで初の休場　回復すれば再出場

御嶽海は初場所中日8日目の17日、インフルエンザと診断され、休場した。昨年3月の春場所で幕下10枚目格付け出しデビューして以来、初の休場。この日は不戦敗となり3勝5敗。

日本相撲協会に「インフルエンザで解熱後さらに2日間の安静を要する」との診断書を提出した。師匠の出羽海親方は、回復すれば再出場する方針を示し、「熱が下がれば、様子を見て出られる。3日くらいして再出場できればいい」と話した。

御嶽海は初日から3連勝した後、初の4連敗中だった。前日から体調に違和感があり、この日は喉の痛みを訴えて朝稽古をせずに休養していたが、昼ごろに熱が38度5分まで上がった。両国国技館に併設されている日本相撲協会診療所で診察を受けた後、近くにある出羽海部屋に戻った。

御嶽海は今場所を3勝止まりで終えると、3月の春場所での十両陥落が濃厚となる。幕内に残るには一日も早く復帰して勝ち星を伸ばす必要がある。インフルエンザで6日目から休場した東前頭筆頭の安美錦は、8日目から再出場した。出羽海親方は「みんな予防接種をしているはずだから、そんなに高熱が続かない可能性もある」とした。

8日目の対戦相手、徳勝龍は不戦勝となった。9日目は既に妙義龍との取組が決まっていたが、休場を受け、相撲協会審判部は取組を一部変更する「割り返し」を実施した。今場所の十両以上の休場者は、再出場力士を含めて8人となった。

熱下がり、食欲回復　親方「早ければあすから再出場」

インフルエンザで前日から休場している御嶽海は18日、両国国技館近くの出羽海部屋で静養した。熱は朝に37度台まで下がり、昼には36度9分になった。師匠の出羽海親方は「今日を含めて2日休んで、早ければ水曜日（11日目の20日）から再出場できればいい」と見通しを示した。

御嶽海は前日夜、高熱でスープしか口にできなかったものの、この日は食欲も回復し、おかゆなどを食べている。

西前頭10枚目の御嶽海は現在3勝。このままだと、3月の春場所で初の十両陥落が濃厚となる。11日目から再出場した場合、残りは5日間。幕内残留のためには5、6勝以上まで勝ち星を伸ばすことが必要だ。幕内下位、十両上位の力士の戦績も影響する。

初場所休場　ファンら「またいい相撲見せて」

御嶽海が初場所8日目の17日、インフルエンザと診断され、角界入りして初の休場に入った。スピード出世で名を上げた御嶽海に、地元木曽のファンなどから心配する声が上がり、温かく見守る人もいた。

御嶽海は前日まで3勝4敗と苦しみ、この日朝から熱が上がった。上松町の両親は東京・両国国技館に観戦に訪れたが、取組を見ることはできなかった。父親の春男さん（67）は「仕方ない。しっかり治すことが大事。けがや病気をしないように角界で頑張ってほしい」と語った。

木曽相撲連盟会長の植原延夫さん（70）＝木曽郡木曽町＝は連絡を受けて休場を知ったという。「疲れがあったのかもしれないので、少し休んでまたいい相撲を取ってほしい」。10日に観戦する予定という上松町で文具店を営む原英紀さん（73）は「今場所は試練の場所となっている。戻ってきてくれたらうれしいが、長い目で見ながら期待している」と話していた。

御嶽海は県出身で元幕内大鷲以来、34年ぶりに復活した幕内力士。元大鷲の伊藤平《ひとし》さん（70）＝佐久市＝は18日に約40人の日帰り観戦ツアーを企画し、御嶽海を激励する予定だった。ツアーは実施するが、「残念。取組を楽しみにしている人も多い。懸賞を懸けてくれる人もいる。早く治して稽古に励んでほしい」と話した。

11日目

御嶽海 3-6-2 ● 押し出し ○ 誉富士《ほまれふじ》 2-9

休場明け、相手の変化に対応できず

御嶽海が4日ぶりに両国国技館の土俵に戻って来た。観客席のあちこちから「お帰り、みたけうみー」と声も飛んだ。しかし、御嶽海は誉富士の注文相撲に対応できず、館内はため息に包まれた。

誉富士が突っかけ、2度目で成立した立ち合い。御嶽海は左に動いた誉富士にいなされて体が泳いだ。土俵際まで突っ込んで懸命に向き直ったが、右喉輪と左はずを受けて上体がのけ反り、あえなく土俵を割った。

「相手の変化は少し頭に置いていたが、食ってしまった」。8日目の17日に高熱が出てインフルエンザと診断され、翌日には平熱に戻ったが、朝稽古ができたのはこの日から。師匠の出羽海親方は「3日も休んでいたから仕方ない」と話した。

入幕2場所目の今場所は初日から3連勝を飾ったものの、4日目から調子が下降線をたどり、インフルエンザで初の休場も経験した御嶽海。3月の春場所は初めて番付を下げて迎えることが決まった。「負け越しだから、気持ちも落ちる。でも、いずれ来ること。今年最初に体調が悪いことを経験できたことは、来場所や再来場所につなげられる」と受け止めた。

現在3勝止まりのため、幕内残留のためには、今場所残り4日間で2勝以上の勝ち星上積みが必要とみられ、さらに幕内下位や十両上位の戦績も影響してくる。今場所は同じ幕下10枚目格付け出しでデビューした学生相撲出身の先輩遠藤がけがで途中休場し、十両陥落が決定的。同じような結末を避けられるか。正念場を迎えた。

出羽海親方

「いつまでも勝ち越しを続けることはできないから、負け越しはそんなに気にしなくていい。ただ、インフルエンザで3日間休み、自己管理をしっかりやらないといけないことは分かったと思う。これも経験。あと4日間で勝ち星を伸ばして、幕内に残れるようにしてほしい」

初の負け越し

誉富士（東前頭15枚目、青森県出身、伊勢ケ浜部屋）
180センチ、166キロ。近大出の30歳。2008年初場所で初土俵、12年初場所で新十両、13年夏場所で新入幕。15年九州場所は自己最高位の西前頭6枚目で3勝12敗と負け越した。得意は突き、押し。対御嶽海戦は1勝1敗（15九州●押し出し、16初○押し出し）。

9日ぶり白星

12日目
御嶽海 4−6−2 ○すくい投げ● 豊《とよ》響《ひびき》 7−5

「貪欲に行った」逆転のすくい投げ

初の負け越しが決まった翌日、御嶽海が選んだのは立ち合いの変化。昨年7月の名古屋場所まで見せていたが、将来性を考え、武器の突き押し相撲を磨かせたい出羽海親方の指導もあって封印していた。ただ、4日目から白星をつかめないまま12日目を迎え、「流れを変えたかった。勝ちに貪欲に行った」。背に腹は代えられなかった。

「理想は崩して一気に押し出したかった」が、変化に対し豊響は土俵に転がらなかった。それでも御嶽海は積極的に攻めた。もろはずで前進して残されると、引いて豊響のバランスを崩し、突き押しを連発。入った左を抱えられ、苦手な左四つでつかまったものの、「自分が下に入っていたから冷静に相手が見えていた」。出てくる豊響に逆転のすくい投げを決めた。

4勝目を挙げ、残りは3番。勝ち星を一つ以上上積みすれば、幕内下位と十両上位の戦績が影響するものの、初の十両陥落を回避できる可能性が高まる。「初めて負け越したけれど、ここからしっかり勝って、7勝まで持っていきたい」と、目標をはっきりさせている。

この日は幕内経験者の33歳大道《だいどう》が引退を表明した。本名の名字が大道《おおみち》の御嶽海は、新十両だった昨年7月の名古屋場所で戦って勝ち、取組は「大道対決」として注目された。「一度やったことがあるんで、寂しいですね」。大道がいたため、しこ名に名字を付けないこともあって、御嶽海が生まれた経緯がある。御嶽海としてさらに知名度を上げるためにも幕内残留を目指す。

豊響（西前頭14枚目、山口県出身、境川部屋）
184センチ、186キロの31歳。2005年初場所で初土俵。07年初場所で新十両、同名古屋場所で新入幕。最高位は前頭2枚目。15年九州場所は西前頭13枚目で7勝8敗と負け越した。得意は突き、押し。対御嶽海戦は1勝2敗（15秋○はたき込み、5九州●押し出し、16初●すくい投げ）。

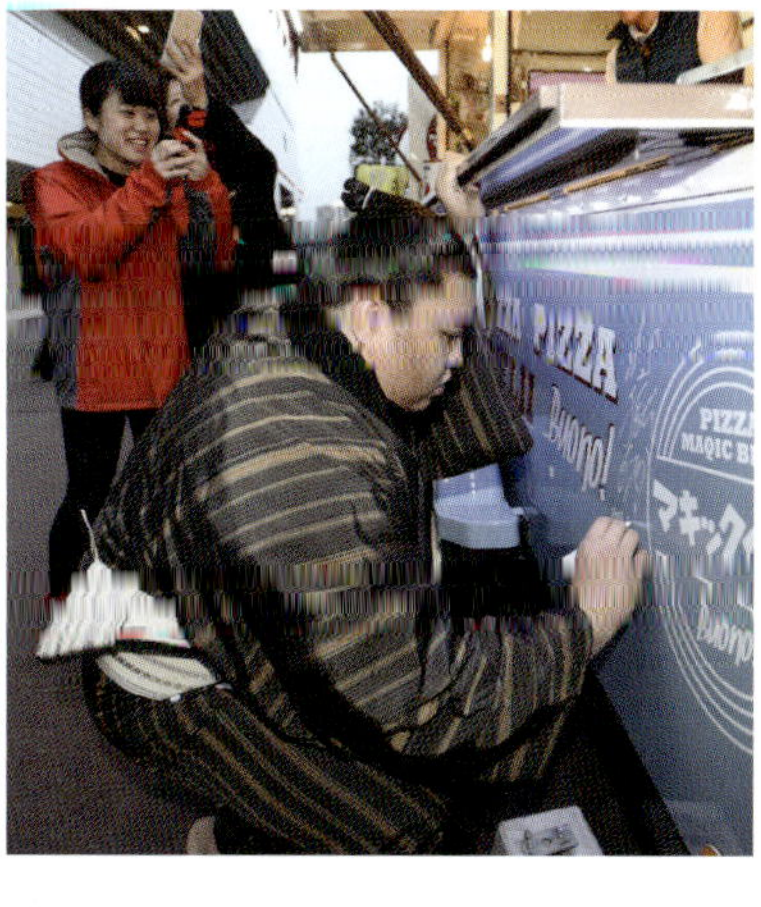

両国国技館に出店している諏訪郡原村の「かめや」のピザ移動販売車が新しくなり、御嶽海が車体側面に第1号のサイン

「前へ」戻った形、御嶽海連勝

5勝目、幕内残留に大きく前進

御嶽海は「流れが良かったんだと思う」と5勝目を挙げた相撲を自ら解説した。立ち合いで変化した前日と違い、頭から鋭く当たる本来の姿で前に出た。前傾姿勢が良く、玉鷲にはたかれても耐えた。向き直ったところで差し手が入り、胸を合わせたものの、休まず前進して力強く押し倒した。

「前に出ていた上での差し手。攻めの形がきちんとしていたので、押し倒すことができた」。自分の相撲で主導権を手放さなかったため、口調も滑らかだった。

インフルエンザで8～10日目に初めて土俵に上がれず、11日目の復帰戦も黒星を喫した。そこから2連勝。相撲勘が戻って来たのかという問いに「ある意味、休養を挟めたのかもしれない。気持ちも切り替えられた」。左股関節に不安を抱えながらの稽古や取組でたまった疲労が休場で軽減。来場所は初めて番付を下げるが、今は十両陥落の回避に集中できている。

5勝目を挙げ、幕内残留に大きく前進した。ただ、残留には幕内下位や十両上位の戦績が影響することもあり、勝ち星を一つでも上積みしたい気持ちがある。「来場所への流れにつなげるためにも、残り二つ勝ちたい」

14日目の23日は、関脇経験者の西前頭2枚目、碧山との初顔合わせ。これまで幕内前半の取組が続いた御嶽海が、初めて幕内後半の土俵に立つ。

13日目

御嶽海 5－6－2 ○ 押し倒し ● 玉《たま》鷲《わし》 4－9

玉鷲（西前頭7枚目、モンゴル出身、片男波部屋）

189センチ、168キロの31歳。2004年初場所で初土俵。08年初場所で新十両、同秋場所で新入幕。15年春場所の小結が最高位。同九州場所は東前頭9枚目で8勝7敗と勝ち越した。得意は押し。対御嶽海戦は2戦2敗（15九州●はたき込み、16初●押し倒し）。

取組後には、木曽からの日帰りバスツアーで観戦した後援会の人たちに万歳で見送られた御嶽海。長野県内の相撲人気を盛り上げている

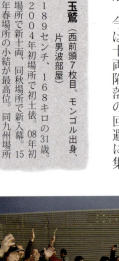

幕内後半で完敗

14日目
御嶽海 5−7−2 ● 突き出し ○ 碧山《あおいやま》 6−8

碧山の圧力に何もできず

御嶽海は初めて幕内後半の取組に出場した。相手はこれまでと比べ、最も番付が高い西前頭2枚目の碧山。行司、呼出とともに格付が幕内格から三役格へと上がり、観客席は14日目を迎えたこともあってほぼ埋まった。より格式の高い土俵に立ったが、入幕2場所目の23歳は何もできなかった。

「圧力が全然違いました。攻略の糸口をつかむのは難しい」。立ち合い直後から喉元を狙った碧山の力強く高回転の突き押しに腰が伸びた。下から何とかあてがおうとしたが、圧力の前にずるずると後退。左にかわそうとしたものの、抵抗もむなしく土俵を割った。

「幕内後半の雰囲気は関係ない。普通に取れました」。同じ出羽海一門の春日野部屋に所属する192センチ、201キロの碧山とは、昨年11月の九州場所の前ごろから、連合稽古で何度も胸を合わせていた。ただ、歯が立たず、本場所での初顔合わせでも、稽古場の力量差がそのまま結果に出た。

ここまで5勝している自身と、14日目までの幕内下位と十両上位の戦績から、御嶽海は幕内残留が濃厚。3月の春場所に流れ良く向かうためにも「千秋楽にしっかり勝ちたい」。苦手な四つを得意とする手足の長い旭秀鵬戦に気を引き締めていた。

碧山（西前頭2枚目、ブルガリア出身、春日野部屋）
192センチ、201キロの29歳。2009年名古屋場所で初土俵、11年名古屋場所で新十両、同九州場所で新入幕、12年秋場所で新三役。最高位は関脇。15年九州場所は東前頭2枚目で7勝8敗。今場所も負け越しが決まっているものの、安定して三役や平幕上位に在位する実力者。得意は右四つ、寄り。対御嶽海戦は1戦1勝（16初○突き出し）。

試練続いた御嶽海

千秋楽
御嶽海 5-8-2 ● 押し出し ○ 旭秀鵬《きょくしゅうほう》 7-8

休場と負け越し、春場所への糧に

御嶽海は昨年末、「２０１６年は今年以上に大変で、いろんなことが起こると思う」と話した。角界の生活に慣れ、幕内の土俵で安定した結果を出すには、まだ時間がかかるという感覚から生まれた言葉だった。覚悟した通り、16年1場所目の初場所は、途中休場と負け越し決定という、初めての試練を経験した。

戦績は初日から3連勝。2日目は人気の遠藤を突き押しで圧倒し、自己最多の懸賞15本を獲得した。師匠の出羽海親方は「その一番に対する集中力はある」と評価した。

だが、勢いが続かない。持病になりつつある左股関節痛で稽古の強度を上げられず、4日目以降は精彩を欠いていった。初めて4連敗を喫する悪い流れの中、インフルエンザと診断され、3日間土俵に上がれなかった。

新入幕場所だった昨年11月の九州場所は8勝7敗でぎりぎり勝ち越した。「これまでも稽古を少しやって体が良い張り（具合）になっても痛みとか何かが起き、何もしないで調子が落ちている」と出羽海親方。「何かがあっても、もっとやるべきことをやる。そこで強くなる」と角界で生きるための土台づくりを求める。

御嶽海は11日目から再出場。勝ち星を二つ上積みして幕内残留を確実にし、最低限の結果を出した。

25日から1週間休んだ後、2

旭秀鵬（東前頭4枚目、モンゴル出身、友綱部屋）

１９１センチ、１５３キロの27歳。２００７年夏場所で初土俵、11年秋場所で新十両、12年初場所で新入幕。西前頭7枚目で臨んだ15年九州場所で9勝6敗と勝ち越し、今場所が最高位。得意は右四つ、寄り。対御嶽海戦は2戦2勝（15九州○寄り切り、16初○押し出し）。

月は春日野部屋との連合稽古を挟みながら、3月の春場所（2月29日番付発表）に備える。出羽海親方は「番付を下げた後にどう取り組むのかが大事」と強調する。

同じ幕下10枚目格付け出しで御嶽海よりも2年早くデビューした遠藤は故障が続き、来場所は初の十両陥落が確実。御嶽海にとっても来場所は幕内下位に番付を下げるとみられ、十両との枚数差が減るだけにひとごとではない。

逆襲にあっけなく6勝目逃す

御嶽海は6勝目をつかめなかった。低く当たって突き押しを繰り出したが、「相手が張り手で来ると思っていた。（違って）自分の相撲を見失った」といい、圧力と回転の良さが出ない。旭秀鵬との間合いが詰まり、「窮屈になって引いてしまった」。逆襲を受けると残り腰もなく、あっけなく土俵下に押し出された。

御嶽海
「体調を崩して、初めて休場し、初めて負け越した。いろいろ考えさせられる場所だったが、良い勉強になった。2月は春日野部屋への出稽古とてっぽう、四股、すり足の基本動作をしっかりやりたい」

インフルエンザによる初の途中休場から11日目に復帰し、13日目までの3日間で2勝したものの、千秋楽まで残り2日間は2連敗。「復帰し、はじめは良いと思ったけれど、自分の相撲を取り続けられなかった」と、病み上がりの影響を拭い切れなかった。

休場するまでの勝ち星も3勝止まり。今年の目標である幕内定着を見据え、「パワーとスピードがやはり足りない」と技術的課題を再認識した。今場所は新入幕の正代が10勝を挙げ、敢闘賞を獲得した。自身も新入幕の先場所に同賞獲得を期待されながら、かなわなかった御嶽海。刺激を受けるかと問われると、ぶぜんとした表情で「特に」と返した。1歳上で同じ元学生横綱の正代は、御嶽海にとってライバルの存在。刺激を受けないはずはない。

御嶽海はこの日の花道から支度部屋に戻る途中、勝負審判を終えて引き揚げる伊勢ケ浜親方（元横綱旭富士）に声を掛けられ「技術的な助言をもらった」という。大関琴奨菊が日本出身力士として10年ぶりの優勝を遂げた中、御嶽海は正代や遠藤ら次世代を担う日本出身力士としてファンを沸かす成長を期待されている。

元幕内大鷲・伊藤平さんに聞く

頑丈な体つくり、我慢強く

御嶽海が今場所、初めて途中休場し、土俵に3日間上がれなかった。感染力の強いインフルエンザが理由だから、仕方ない面はある。だが、御嶽海を見たくて来るお客さんも多い。プロとして自己管理をしっかりやらなくてはいけないだろう。

自分は序ノ口から引退までの988日間、一度も休場しなかった。自分が特別だったわけではなく、今考えればインフルエンザのような高熱が出る症状でも、土俵に上がっていた力士がいた。風邪くらいで休まないのは当然という風潮だった。

十両に上がったころ、風邪で体調を崩したところに稽古疲れが重なり、肝炎を患った。でも、全休すると幕下に落ちるから、通院して治療の注射を打ちながら出場した。吐き気やだるさに加えてまわしが腫れた肝臓に当たって痛かったが、4勝11敗で十両に残れた。

しっかり寝て食べて、稽古すれば、悪い菌の方が逃げていく。頑丈な体をつくり、少しの痛みくらいでは休まないんだという気持ちが周囲に分かるくらい、我慢強くならないといけない。そうならなければ、三役昇進など重圧のかかる大事な一番で勝負できなくなる。

関取（十両以上）を続けて輩出する都道府県と違い、信州から37年ぶりに復活した関取だから、盛り上がりが起きている。目標を高く据え、ハングリーさを持ち続けること。幸せすぎることに甘んじて自分が置かれている状況を理解せず、結果的に不幸になるようなことがあってはならない。

初場所の戦い終えて まげ姿、観客魅了

まげを結って初めてとなる大相撲初場所に挑んだ出羽海部屋の御嶽海は、インフルエンザによる3日間の休場を挟み、厳しい戦いとなった15日間の場所を終えた。取組直前に、東京・両国国技館全体に「みたけうみ、みたけうみ」とコールが巻き起こった日もあり、人気力士の仲間入りを果たしている

幕内力士が華やかな化粧まわし姿で行う土俵入りで御嶽海が紹介されると、名前入りの小旗やうちわなどが振られ、声援がひときわ高まった。初場所は、県内からのツアー客も相次いで応援に訪れた。

連日昼すぎになると、力士入り口から館内への通路にはファンが人垣をつくり始め、テレビでおなじみの力士たちに声が掛かる。休場から復帰した後の御嶽海には「待ってたよー」と以前にも増して熱い声援が飛んでいた。

国技館内には、人気力士と並んだ写真がプリント出来る機械もあり、埼玉県川口市の杉山花蓮《かれん》さん（11）、忠相《ただすけ》君（7）のきょうだいは、御嶽海を選んで撮影した。東洋大から贈られた化粧まわしで、ざんばら髪の御嶽海と並んだ写真が出来上がった。母親の朋子さん（40）は「しっかり応援して、いずれ『本物』とも撮りたいです」。

国技館内で力士の似顔絵色紙などを販売している千曲市出身の相撲絵師・松林モトキさん（68）は「幕内上がりなのに大負けせずよく頑張った。いい顔になってきたよ」と3月の春場所（大阪市）での活躍を期待していた。

幕内初の2桁勝利 来場所に弾み

2年目の春場所は有言実行の土俵

「人生で一番チョコをもらっています」。出羽海部屋に届いたプレゼントを前に、ポーズを取って撮影（2月14日）

春場所新番付が発表され、御嶽海は初めて番付が下がり、西前頭13枚目に。厳しい表情で番付を確認（2月29日、堺市の出羽海部屋宿舎）

春場所の会場の外で待つファンにサインする御嶽海（3月16日）

桜の花もほころぶ大阪。宿舎の前には幟が並び、2年目の春場所が始まる

出羽海親方

「突き放して自分の流れをつくるという御嶽海の良さはあまり出なかったが、毎場所そういう相撲で勝てるわけではないし、今場所はそれでも10番勝てた。稽古場で気になった若い力士に声を掛けていたし、今後も生活面を含めて部屋を引っ張ってほしい」

入門1年目の節目の日。朝稽古で輪になり、砂袋を回す御嶽海（中央）。「2年目は重要」と気を引き締める（2月12日）

春場所初日。地元の御嶽海後援会から贈られた御嶽山を描いた新しい化粧まわしで土俵入り（3月13日）

元幕内大鷲・伊藤平さんに聞く

3年先見据えた稽古必要

御嶽海が2場所ぶりに勝ち越し、幕内で自己最高の2桁勝利を挙げたことは喜ばしい。番付が西前頭13枚目と高くはなかったので、実力通りの勝ち星だったのかもしれないけれど、勝負勘は相変わらず良いなと思った。

ただ、課題は大きい。苦手な巨漢力士には、最初から勝負を諦めているような雰囲気がある。左を差されてもそのまま。右をおっつけて対抗するといった動きがない。左四つになれば簡単に勝てると相手に思われる。

勝った取組も立ち遅れていたり、うまくかわしたりしたなと感じた日が多かった。自分の突き押し相撲でしっかり勝ったのは、里山戦など限られた。これから本場所を重ねれば、相手にいろいろ覚えられ、通じない。

先代の出羽海親方（元関脇鷲羽山）は現役時代、小柄だったが、稽古熱心で押し一本の真っ向勝負。下から中に入り、うまかった。今で言うと、四つ相撲の正代も常に真っ向からいく。あれが若さ。一番一番が経験として積み重なっていく。

御嶽海も3年先を見据えた稽古が必要。鷲羽山さんのように、脇を固め、はずの形をしっかりしておかないと、いつまでも差される。春巡業では、嫌だと思っても巨漢力士に胸を借りてほしい。松本場所や佐久場所ではご当地関取だから、白鵬ら横綱に厳しい稽古をつけられるかもしれない。期待されている証しと理解して臨んでほしい。

「部屋引っ張る」 新たな自覚

3月1～12日に堺市内の部屋宿舎で行われた場所前の稽古。御嶽海はこれまでになかった姿勢を見せていた。「前に出て」「腰を低く」―。幕下以下の力士に積極的に声を掛け、親方衆の技術指導を援助した。「最近は部屋を引っ張っていかないといけない気持ちが強くなってきたから」。新たな心境を口にした。

出羽海部屋の力士数は18人。御嶽海は筆頭でただ一人の幕内力士だが、入門は2015年2月で、角界暮らしの日が浅い。兄弟子ばかりの周囲への遠慮もあって、これまで稽古場で声を掛けることはなかった。転機は2月上旬。東京・両国の中華料理店で開かれた師匠の出羽海親方との食事会だった。

御嶽海は学生横綱、アマ横綱に輝いた東洋大時代まで、短期決戦の大会に合わせてピークをつくる調整法だった。角界は本場所（年6度）と巡業を繰り返すため、骨太な地力をつけようと年間を通して稽古を行うが、御嶽海は、このやり方では疲労の蓄積で故障したり、部屋の若手が伸び悩んだりするのではないかという懸念が頭をよぎり、なじみきれずにいた。

御嶽海の思いを知る部屋付きの行司、木村千鷲が「師匠に直接、話を聞いてもらったら」と仲介した。出羽海親方は「先々代（の師匠＝元横綱佐田の山）の時は口もきけなかったが、時代が変わったということかな」と振り返り、上下関係の厳しい角界では異例の対話となったが、「でも、あいつ（御嶽海）が若い力士の将来も気にしてくれていて、うれしかった」と受け止めた。

御嶽海は「師匠に自分の思いや考えを聞いてもらったからには、率先してやらないといけないと思うようになった」と強調した。本場所が始まると、取組などで心身の疲労が蓄積し、朝稽古に姿を見せられずに親方衆を心配させる日もまだ、まれにある。ただ、新たな自覚が幕内で初めての2桁勝利につながり、この先の成長も後押しするはずだ。

2日目、立ち合いから得意の突き押しで大栄翔（左）を攻め、初白星を挙げる（3月14日）

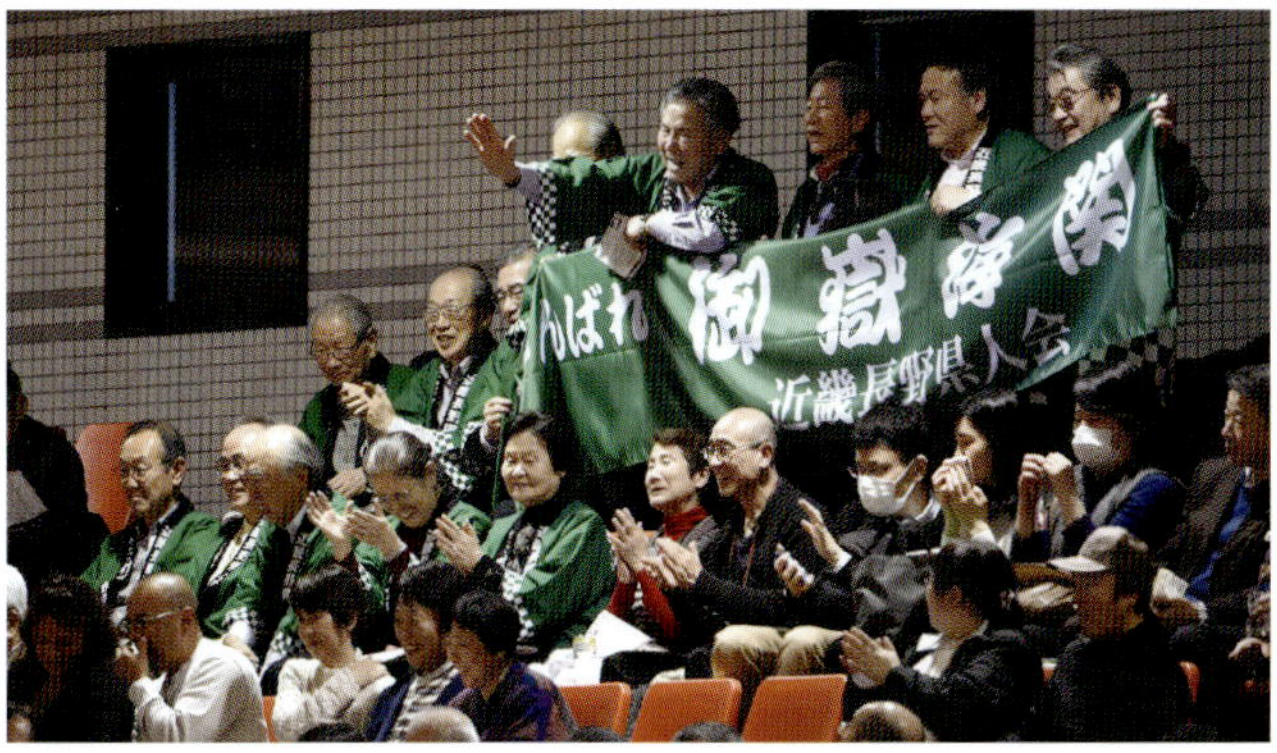

横断幕を掲げ、そろいの法被姿で御嶽海に声援を送る、近畿長野県人会大相撲愛好会のメンバーら（3月17日）

千秋楽は過去3戦3敗のライバル正代（左）を寄り切り、目標の2桁勝利を達成。自己最高位で迎える可能性が高い来場所に向け、弾みをつける快勝だった（3月27日）

地元の思いに応える存在であり続けて

信濃毎日新聞社運動部記者　松井 哲明

「あれっ。顔、覚えていますよ」。2015年2月12日、出羽海部屋に入門した御嶽海から、最初に言われたひと言だ。御嶽海の本名・大道久司君が福島中3年から木曽青峰高1年だったころ、記者は何度か取材していた。6年ぶりに会い、担当になることを伝えると、大道君は当時の記憶がよみがえったようだった。

負けた時もふさぎ込まず、潔く、敗因や課題を自分の言葉で語れる―。印象に残る選手だった。ただ、全国大会8強の実力だった中3のころ、体重は110キロ。県外の大会で取材した時、「角界入りは考えていないの？」と聞いても「自分は体が小さいから、どうですかね。なれたらいいんですけれど」とはにかんでいた。それが突き押しを磨き、今や約150キロの幕内力士。努力と周囲の支えのたまものだろう。

福島中監督の安藤均先生（現三岳小校長）の姿も印象に残っている。その中3のころの県外での大会で、大道君は優勝には届かず、悔し涙を流した。安藤先生に取材を申し込むと「遠方までありがとうございます。どうぞ、取材してやってください」と初対面の記者にとても丁寧で、穏やかだった。教え子が望んだ結果を出せないと、感情的になってしまう指導者も少なくないから、恐縮した。

御嶽海の入門後、安藤先生と再会でき、あの時、どうして穏やかでいられたのか聞いた。すると「大会に向けた準備と礼儀は、私も厳しく指導します。ただ、全力を尽くしても結果が出なかった時は、選手本人が一番つらく、足りない部分もよく分かっているだろうから」と教えてくれた。準備と礼儀は師匠の出羽海親方（元幕内小城乃花）も重視している。御嶽海はこうした指導者に歩みを支えられている。どんな結果になっても受け入れられる覚悟と自信を備えて取組に臨もうとしてきたからこそ、負けても潔くいられたことが多かったのだと思う。

御嶽海は入門から1年が経った。新十両優勝、新入幕といった華々しい出世劇から、故障や厳しい上下関係、負け越しなど苦しさも経験した。勢いのある時は人や金が集まるけれど、逆の時は集まりにくく、離れていくこともあるのが角界の常。御嶽海はそうした雰囲気も肌で感じてきた。

「記者さん、どうか太く短くじゃなく、細くても長く、御嶽海を見守ってやってください」

入門時、出羽海一門の他の部屋にあいさつに行った時、ある親方に頼まれた。地方出身のその親方も三役まで上り詰めた現役時代、周囲の集散に心を乱された苦い思い出があったという。

御嶽海は長野県出身で39年ぶりに復活したファン待望の幕内力士。期待が大きいのは、記者自身が「記事を楽しみにしています」という投書やメールを読者から頂くことからも実感する。記者は御嶽海の挑戦を近くで見つめながら、時に厳しい指摘をぶつけ、御嶽海が県内の人たちの思いに応える存在であり続けてほしいと願う。

御嶽海にその旨を伝えると「うん。でも、プレッシャーかけてくれますね」と笑いながら了承してくれた。御嶽海が大道君らしさを失わず、御嶽海として成長していく。引退後の人生も長いはずなのだから、人間的な成長を大事にして。その過程を2年目以降も報道していきたい。

題字揮毫

御嶽海

木村千鷲（出羽海部屋所属十両格行司）

相撲字は字画の隙間の白地を少なくした独特の毛筆文字で、場内大入りで立すいの余地がないという縁起をかついだものといわれている。字によっては複数の字体があり、番付表や本場所会場の電光掲示にも使われる。行司は番付表にしこ名を書くなど角界の書道の専門家でもある。